KB079002

도쿄대
리더육성
수업

과제설정의
사고력

TODAI EXECUTIVE MANAGEMENT
KADAI SETTEI NO SHIKORYOKU
by TODAI EMP, Yoshinori Yokoyama

도쿄대 리더육성 수업

글로벌 CEO 배출 세계 1위
도쿄대의 지독한 생각 수업

The Executive Management Program of
The University of Tokyo

과제설정의 사고력 편

도쿄대학 EMP
요코야마 요시노리 엮음
정문주 옮김

라이팅하우스

세계를 선도할 새로운 과제의 설정

도쿄대학은 첨단의 지력(知力)과 그 지력을 떠받치는 사고력으로 뭉친 집단이다. 때문에 이곳의 제일선을 들여다보는 일은 매우 흥미로울 수밖에 없다. 이 책은 도쿄대학에서 활약하는 최고의 석학들을 인터뷰해 그 내용을 한 권으로 묶은 것이다.

도쿄대학 리더육성 프로그램(Executive Management Program of The University of Tokyo)은 150명 정도의 교수진을 보유하고 있는데, 이들은 도쿄대학 전체 교수 중에서 특별히 선발된 인원으로 이 책 속의 연구자들도 포함된다. 이 프로그램의 기획·추진을 책임지고 있는 필자와도 평소 자주 논의를 벌이는 분들이기도 하다.

도쿄대학 리더육성 프로그램은 2008년 10월에 사회인을 대상으로 설립되었다. 봄·가을 학기로 나누어 연 2회 개설되며 장차 조직의 경영을 책임질 다양한 분야의 우수한 40대 인재들이 주 수강생들이다. 25명 이내로 제한되는 이들은 6개월 간 금요일과 토요일을 종일 투자해야 한다. 경영 리더 프로그램이라는 설명이 붙어 있지만, 도쿄대학 리더육성 프로그램은 MBA도 아니고 최고위 과정도 아니다. 우리는 그 두 곳에서 얻지 못하는 내용을 제공하겠다는 목표 하에 '유일무이(唯一無二)'라는 오만한 표어를 내걸었다. '전 세계 어디에 내놓아도 당당하고 존재감이 있을 것. 유창하지 않더라도 통역 없이 자기표현이 가능할 것. 사고의 기축이 단단하고 공공정신까지 겸비할 것. 확고한 지식에 바탕을 두고 자신이 서 있는 자리를 리드할 것. 문화의 차이를 극복하고 사람을 끌어들일 것.' 이 같은 전인격적 능력을 갖춘 인재가 절실히 요구되는 시점이다. 도쿄대학 리더육성 프로그램은 그런 인재를 육성하겠다는 포부를 안고 있다.

　　전인격적 능력을 키우기 위해서는 전통적인 '교양'을 습득하는 수준을 넘어서서 지식의 최전선에서는 어떠한 사고를 하는지 반드시 알아야 한다. 그래서 필자는 기지(旣知)의 지식을 가르치려 하지 말고 현재 인류가 직면한 미지(未知)의 영역은 무엇이며, 석학들은 그 세계에 어떻게 접근하려 하는지를 '과제설정'과 '문제해결'이라는 키워드로 프로그램에서 다루어 달라고 강사진에게 부탁한다. 그런 내용이야말로 이 시대가 요구하는 첨단의 지력이자 사고력이다.

이 책은 바로 그러한 도쿄대학 리더육성 프로그램의 핵심 구상을 일부나마 책으로 구현한 것이다. 이 책에 실린 인터뷰는 발생생물학, 노년학, 은하천문학, 중국철학, 물성과학, 언어뇌과학 등으로 실로 다양하며 개성적인 분야에서 세계적 수준의 연구 성과를 올린 분들이 직접 설명한 내용을 담고 있다. 인터뷰를 진행한 필자는 도쿄대학 리더육성 프로그램에서 활동함과 동시에 주택공급 시스템과 의료 시스템을 비롯한 다양한 사회 시스템 개발에 노력 중인 사회 시스템 디자이너이다. 처음에는 건축 디자이너로 출발해 맥킨지 앤드 컴퍼니(McKinsey & Company)에서 경영 컨설팅에 종사하기도 했다.

이 책은 학문 이외의 분야에서 경험을 쌓아온 필자가 도쿄대학 심층부의 첨단 지식, 그리고 그 지적 성과를 탄생시킨 사고력에 관해 대담한 내용이기 때문에 연구자의 주된 관심사와는 다소 차이가 있을 수 있음을 밝힌다. 인터뷰는 '그들이 탁월한 성과를 올릴 수 있었던 이유는 무엇인가? 어떻게 사고했고, 어떤 방법론을 구사했는가? 그리고 그 배경 상황은 어떠했는가?' 하는 부분에 초점이 맞춰져 있다.

*

공교롭게 이 프로그램을 개강하기 정확히 한 달 전 리먼 사태가 발생했다. 모두가 금융과 비즈니스 분야뿐 아니라 세계의 기본 틀을 다시 보는 계기가 되었다. 세상은 급속히 변하고 있다. 중국을 비롯한 신흥국의 부상으로 인해 힘의 균형이 깨진 데서 이유를 찾을 수도 있을 것이다. 하지만 그런 표층의 아래에는 더 큰, 기존의 사고를 뒤흔드는 근본적인 변화가 일고 있다. 바로 '지역 간 상호 연쇄'와 '분야 간 상호 연쇄'의 급속한 진행이다.

지역 간 상호 연쇄를 사람들은 글로벌화라 부른다. 이제 일본 속에 세계가 있고 세계 속에 일본이 있다. 미국발 리먼 사태가 바다 건너 일본에도 직격탄을 날리는 시대다. 국내외의 구분이 무의미한 작금의 현상은 이미 전 세계적으로 실감할 수 있다.

이와 동시에 '분야 간 상호 연쇄'도 일어나고 있다. 산업의 각 분야도 그랬지만 행정기관도 상호 연쇄에 실패했기 때문에 칸막이 행정이라는 비판이 줄곧 있었다. 학문 분야도 아직 '이과', '문과'라는 표현을 쓰는데 이것이 바로 칸막이식 발상이다. 이제 이 같은 발상을 극복할 움직임이 필요하다. 더 이상 전통적인 분야에 갇혀 있을 수는 없다. 이는 인터뷰에 응해준 여섯 분의 이야기 속에 빠짐없이 등장하는 주제이기도 하다. 분야 간 연쇄를 반영한 학문의 전개가 보편화하기까지는 아직 더 많은 시간이 필요한 것 같지만 분명 변화의 조짐도 일고 있다. 전통적인 틀을 뛰어넘으려면 종전보다 더 큰 에너지와 뚝심이 필요하다.

앞으로의 세계는 산업과 학문을 포함한 모든 분야에서 과거와 비교할 수 없을 만큼 상호 연쇄 작용이 일어나고 복잡해질 것이다. 그러나 그에 대처하는 사고능력을 우리는 충분히 훈련받지 못했다. 우리는 이제 완전히 새로운 능력을 키워야 한다. 표현을 달리하면 오래된 칸막이를 무너뜨리는 발상과 실천을 하는 '과제설정형 리더십'이 필요하다는 이야기다. 일본이 과제를 해결할 수 있는 국가임은 이미 증명된 바 있다. 과거 '구미 선진국 따라잡기' 열풍이 성공적 결과를 거두었고 사회적으로 '두꺼운 중산층'이 구축된 점만 보아도 알 수 있다. 하지만 남들보다 먼저 과제를 설정하고 세계가 이를 수용하도록 하는 능력은 아직 증명되지 않았다. 이제 일본은 눈앞에 전개되는 복잡한 상황을 제대로 이해하고 누구보다 앞서 과제를 설정할 필요가 있다. 그것이 첨단의 지력과 사고력을 토대로 한 리더십이다.

이는 국가 간 경쟁, 일등 지상주의적 발상에서 비롯되는 것이 아니다. 일본은 국제사회에 대해 '과제설정'이라는 책임을 수행해야 한다. 지금은 지역과 분야가 상호 연쇄 작용을 일으켜 점점 복잡해지고 혼미해지는 시대다. 대국으로서의 지적 자원을 활용해 세계를 납득시킬 수 있는 과제를 추출하고 설정할 책임이 있다고 생각해야 한다. 책임감을 가져야 보편성 있는 새로운 사상과 가치관을 세계에 제시할 수 있다. 과장되게 말하면 일본 역사에 있어 그런 일을 수행할 수 있는 처음이자 마지막 기회가 지금일지도 모른다.

역사를 돌이켜볼 때 18세기 프랑스는 국민이 왕후귀족의 소유물이 아니라는 '국민국가' 사상을 제시했고, 그것이 영국 식민지였던 북아메리카의 독립을 촉발해 오늘날의 미합중국을 탄생시켰다. 역사는 기독교와 싸우면서 확립한 과학과 기술의 산물이기도 하다. 뉴턴(Isaac Newton)[1]은 자신을 신학자라 칭했다지만 새로운 사상과 가치관을 제시한 당시 영국의 사회적 분위기는 패러데이(Michael Faraday)[2], 맥스웰(James Maxwell)[3], 켈빈 경(Baron Kelvin)[4], 다윈(Charles Darwin)[5] 등 수많은 새 시대의 인물을 배출했다. '하늘 아래 새로운 것은 없다'며 창세기 이후의 인류는 최후의 심판을 향해 간다던 기독교적 세계관이 대전환된 것이다.

20세기에는 미국이 '미국적 생활방식(American way of life)', 즉 물질적으로 풍요로운 중산층의 생활을 제시했다. 그 같은 비전을 동경하고 달성하는 대중이 늘어날수록 미국식 가치관이 확산될 것이라는 기대감도 높아졌다. 하지만 21세기 초반, 그런 기대는 일거에 무너졌다. 2001년에 발생한 9.11 테러는 물질적 풍요로움에 만족하지 않는 원리주의자의 길도 있다는 것을 이슬람 세계 중산층이 세계에 보여준 사건이기도 했다. 미국적 세계관의 붕괴였다.

그렇다면 21세기에는 누가 세계를 향해 보편성 있는 사상

1] 1642~1727. 영국의 물리학자, 천문학자, 수학자. 수학에서는 미적분법을 창시했고 과학에서는 만유인력의 법칙을 포함한 뉴턴 역학의 체계를 확립했다.

2] 1791~1867. 영국의 물리학자, 화학자. 벤젠 발견 등 실험화학과 전자기학에서 뛰어난 업적을 남겼다.

3] 1831~1879. 영국의 이론물리학자. 전자기학에서 장(場)의 개념을 집대성한 업적이 있다.

4] 본명은 William Thomson. 1824~1907. 영국의 공학자, 수학자, 물리학자. 전기와 자기 분야를 포함한 여러 과학 분야와 산업 발전에 큰 영향을 준 공로로 남작의 지위에 올랐다. 절대온도 K는 켈빈 경의 이름을 딴 것이다.

5] 1809~1882. 영국의 생물학자. 진화론의 기초를 확립했다.

도쿄대 리더육성 수업 · 과제설정의 사고력

을 제시할까? 기회는 일본에 있다. 물질적인 풍요로움을 이미 획득했고, 그 이후 거품 때문에 뿌리내리지 못했다고는 하나 물질적 호사스러움의 극치까지도 경험한 일본이다. 일본인은 그 과정에서 호사스러움이 풍요로움과 반드시 일치하지는 않는다는 사실을 이해했다. 또한 일본인의 종교관에는 원리주의적 요소가 지극히 적다. 일상생활 속에 불교, 유교와 더불어 토착신앙인 신도(神道)가 혼재하고 있다 해도 좋을 것이다. 더구나 2011년 일본은 대지진을 통해 가치관까지 크게 흔들리는 경험을 했다. 그 가운데에서 일본이 여러 측면에서 안정적 사회를 구축해 왔음을 다시금 이해하게 되었다. 이처럼 다양한 배경은 일본이 새로운 사상을 제시할 수 있는 환경으로 작용할 것이다. 다만 문제는 '보편성 있는 사상을 어떻게 세우고, 제시할까?', '강인한 지력과 사고력은 어떻게 하면 익힐 수 있을까?', '통찰력을 갖춘 인재를 어떻게 육성할 것인가?' 하는 점이다.

도쿄대학 리더육성 프로그램이 추구하는 바이기도 하다. 이책은 세계적으로 인정받는 일본 최고 석학들의 인터뷰를 통해 새로운 사상을 제시하기 위한, 즉 선구적 과제설정에 필요한 지력과 사고력을 획득하기 위한 통찰을 모색하고자 했다.

인터뷰를 통해 최첨단 주제에 접하면서 '아!' 하고 무릎을 치는 경험을 몇 번이나 했다. 첨단 학문을 연구한다는 것은 전 세계 연구자와 경쟁하는 일이기도 하면서 동시에 세간의 몰이해 등 온갖 제약과 싸우는 일이라는 것도 확실히 알게 되었다. 또 학문은 이지

저이고 냉철하며 엄밀한 측면이 있지만, 그것을 추구하는 이는 어디까지나 감정이 풍부한 인간임을 깨달았다. 특히 과학이라는 분야는 '가설의 설정과 검증'이라는 형태로 연구가 이루어지는데 좋은 가설과 나쁜 가설이 있다는 것과는 별개로 그 연구자의 개성이 다양한 모습으로 가설에 투영된다는 점도 흥미로웠다. 이 책을 읽으면 이런 부분을 독자들도 충분히 이해할 수 있을 것이다.

미지의 영역을 열어젖힌 그들은 무엇을 보고, 어떤 사고를 거쳐, 어떻게 현재에 이르렀을까? 독자 여러분도 자신의 능력을 업그레이드할 수 있는 전환점을 얻기 바란다. 그들의 입을 통해 펼쳐진 통찰력 가득한 이야기들은 연구조직뿐 아니라 기업, 행정기구, 비영리단체 등 모든 현장에 적용될 수 있다. 이 책이 도쿄대 리더육성 프로그램의 정수를 전달하여 독자 여러분의 자질을 한층 개발시키는 계기가 된다면 필자로서는 기쁠 따름이다.

*

인터뷰 대부분은 필자의 성격 탓도 있어서 좋게 말하면 자유롭고 나쁘게 말하면 일관성 없고 두서없이 진행되었다. 하지만 그런 인터뷰가 잘 엮어져 나온 것은 원고를 작성한 다나카 준코(田中順子) 씨의 노력 덕분이다. 이 자리를 빌려 감사의 말을 전한다. 또 어떤 의미에서는 가당치도 않은 이번 기획을 맡아 모든 수록에 참가하고, 적극적으로 출판을 추진해 준 도쿄대학출판회 편집부에도 감사의 말을 드린다. 그리고 무엇보다 장시간의 인터뷰를 흔쾌

히 받아들여 주시고 수많은 질문에 편안하게 답변해 주신 여섯 분
께 진심으로 감사드린다.

도쿄대학 리더육성 프로그램 기획·추진 책임자

요코야마 요시노리

차례

선구적 과제 발견에
필요한 교양

도쿄대학 명예교수
산업기술 종합연구소 연구원
줄기세포공학 연구센터장

아사시마 마코토

浅 島 誠

발생생물학

Makoto Asashima

아사시마 마코토

도쿄대학 명예교수, 산업기술 종합연구소 연구원(fellow)·줄기세포공학 연구센터장, 일본 학술진흥회 이사 / 1944년 출생, 도쿄교육대학 이학부 졸업, 도쿄대학 이학계 대학원 박사 과정 수료(이학박사). 독일 베를린 자유대학교(Free University of Berlin) 분자생물학연구소 연구원, 요코하마(横浜) 시립대학 문리학부 조교수·교수, 도쿄대학 교양학부 교수, 도쿄대학 대학원 종합문화연구과 교수, 종합문화연구과장·교양학부장을 거쳐 2007년부터 2009년까지 도쿄대학 이사·부총장, 일본학술회의 부회장을 겸임 / 전공은 발생생물학. '알에서 유생(幼生)으로의 형태변화'에 관해 실험형태학부터 분자생물학까지 다양한 관점으로 접근하고, 기관형성의 발생생물학적 연구 및 세포증식과 분자의 분자생물학적 연구를 진행 중이다. 생물의 분자발생 프로그램과 각 기관의 형성에 관심을 가지고 연구에 매진한 끝에 1989년에 분자유도물질인 액티빈의 정체를 세계 최초로 밝혀냈다. 기관·장기 유도계의 확립에도 주력했다. / 저서로는『발생생물학』,『발생의 메커니즘이 보인다』,『새로운 발생생물학』 등이 있다. / 1991년 Man of the year(USA. ABI)에 선정, 1994년 독일 정부로부터 필리프 프란츠 폰 지볼트(Philipp Franz von Siebold) 훈장 수훈, 2001년 일본 학계 최고의 영예로 여겨지는 은사상(恩賜賞) 및 학사원상(學士院賞) 수상, 자수포장(紫綬襃章) 수훈, 2008년 독일에서 엘빈 슈타인(Erwin Stein) 상 수상. 문화공로자이며 그 외 수상 경력 다수.

모두가 단념했던 '형성체' 탐구에 홀로 매진한 지 15년 만에
세계 최초로 시험관 내 미분화세포로 장기 형성에 성공을 거둬
생물학에 지대한 영향을 미친 아사시마 마코토.
석학의 안내로 발생생물학의 최전선으로 향한다.

요코야마 생물의 알은 현대과학으로도 풀 수 없는 수많은 수수께끼를 품고
있습니다. 지극히 평범한 알 속에 부모와 동일한 형질을 만들어 내
는 모든 정보가 압축되어 있다고 생각하면 발생 메커니즘이란 참
으로 신비합니다. 선생님께서는 개체발생의 비밀을 풀 세계적 발견
을 통해서 발생생물학을 주도하고 계신데, 어떤 연구 과정을 거쳤
는지 소개해 주시겠습니까?

아사시마 제 연구의 큰 테마는 동물의 알이, 궁극적으로는 인간이, 어
떻게 성체(成體)가 되는지를 밝혀내는 것입니다.

오래 전부터 인류는 다양한 동물의 알을 현미경으로 관찰하거나, 뭉개서 성분을 조사하는 과정을 통해 그 정체를 캐내려 했습니다. 계란에 대해서는 이미 기원전 4세기, 아리스토텔레스 시대부터 연구가 이루어졌어요. 특별할 것 하나 없는 조그만 알 속에 생물의 본체가 압축되어 있다고 생각했으니, **알에서 어떻게 성체가 형성되는지는 시대를 불문하고 인류에게 중대한 관심사였습니다.** 하지만 알의 불가사의는 그리 쉽게 풀리지 않았습니다.

실제로 알에 바늘을 꽂거나 세포를 추출해 이식하는 실험은 불과 100년 전에야 이루어졌습니다. 종교상의 제약도 있어서 서양 사람들은 알에 인위적 조작을 가하는 데 상당히 신중했습니다. 인간을 포함한 모든 생물의 알과 정자 속에 그 부모의 축소판이 이미 들어있다는 전성설(全成說)은 기독교 교리와 어우러지면서 중세 이후 지배적인 사고방식으로 자리 잡았습니다.

그런 가운데 19세기 후반 들어 독일의 빌헬름 루(Wilhelm Roux, 1850~1924)라는 발생학자가 개구리 알을 불에 달군 바늘로 찔러서 이세포기(二細胞期)[6]의 한쪽 할구(형태적으로 미분화된 세포)를 죽인 다음 남은 할구를 배양해서 배아에 어떤 일이 일어나는지를 실험했습니다. 발생연구 분야에서 사람의 손으로 알에 조작을 가하는 행위가 실제로 이루어지기는 이때가 처음이었습니다. 당시로서는 혁신적인 기법이었지요. 그것이 실험발생학의 효시였습니다.

6] 수정란이 1차 분할을 일으켜 둘로 나눠진 시기를 말한다.

그 이후 도롱뇽과 개구리의 알을 이용한 다양한 실험이 이루어진 결과, 생물의 형태는 처음부터 정해져 있는 것이 아니라는 사실을 알아낸 사람들이 있었습니다. 그야말로 알 연구의 긴 역사에서 획기적인 발견이었습니다.

루의 흐름을 이은 한스 슈페만(Hans Spemann, 1869~1941)과 그의 제자 힐데 만골드(Hilde Mangold, 1898~1924)가 그 주인공입니다. 그들은 알의 어느 부분이 신체의 어느 부위로 발전하는지를 연구했습니다. 꾸준히 실험을 거듭한 결과 알 속에 표피, 신경, 혈구, 근육으로 자라는 부분이 있다는 사실을 알아냈지요. 그런데 어느 일정 부분을 이식하면 형태의 형성에 왜곡이 생기는 것이었습니다. 몇 번을 시도해도 마찬가지였습니다. 낭배(囊胚)의 원구배순부(原口背脣部)[7]라는 부분인데, 그 부분을 이식하면 몸과 머리가 두 개씩 생기거나 꼬리가 두 개 달리는 식이었습니다.

연구에 매진한 슈페만과 만골드는 1924년, 알이 성체가 될 때 형태 형성을 유도하는(미분화세포[8] 군으로 분화를 촉진하는) 부분이 있다는 연구결과를 얻고, 그것을 '형성체(organizer)'라 명명해 세상에 발표하게 됩니다. 이로써 원구배순부가 머리와 꼬리의 형성 분화

---

7) 낭배는 동물의 발생 단계 중 하나이다. 배아의 일부가 내부로 함입되어 주머니 모양의 구조가 형성되면 그 상태의 배아를 주머니 '낭'자를 써서 낭배(囊胚) 또는 원장배(原腸胚)라 하고 그 입구를 원구(原口)라 한다. 원구배순부(原口背脣部)는 원구의 윗부분이 입술을 닮았다 하여 붙여진 이름이다.

8) 아직 어떤 기관이나 조직이 될지 정해지지 않은 세포로 백지 상태의 세포라 할 수 있다. 미분화세포는 다능성을 가지므로 유도물질을 부여하면 근육 등 다양한 방향으로 분화할 수 있다.

를 이끌어내는 특별한 작용을 한다는 사실이 밝혀졌습니다.

수정란 속에 형태 형성을 유도하는 부분이 있다면 처음부터 알 속에 성체의 축소판이 들어 있다는 전성설은 뒤집혔겠습니다. 장기나 기관의 형태는 세포 분화 과정에서 서서히 일어난다는 후성설(後成說)이 맞다는 이야기가 되고 맙니다. 과학사에 남을 대발견임과 동시에 사상적으로도 인류에게 대전환을 요구하는 일대 사건이었겠습니다.

네, 그들의 논문은 엄청난 충격을 주었습니다. 슈페만은 1935년에 노벨 생리의학상을 수상했습니다. 그 논문 이후 전 세계 연구자들이 유도의 메커니즘 규명에 나섰습니다. 저도 대학시절에 헌책방에서 우연히 발견한 『한스 슈페만, 발생생리학의 거장 : 그의 생애와 업적(Hans Spemann Ein Meister Der Entwicklungsphysiologie Sein Leben Und Sein Werk)』을 읽고 이 분야에 흥미를 느끼게 되었습니다. 정신없이 빠져들어 읽고 나서 '내가 앞으로 할 연구는 이거다!'라고 굳게 결심했지요. 그때가 1967년 무렵이었습니다.

1967년이면 슈페만의 발견이 있고 나서 이미 40여 년이 지난 시점인데, 당시 일본에서 형성체 연구가 이루어지고 있었습니까?

제가 대학을 졸업했을 무렵에는 일본에도 형성체 연구를 하는 데가 있었습니다. '일본에도'라고 말을 했는데, 사실 그때는 세계적으로 연구열이 식어가던 중이었거든요.

슈페만의 발견 이후 한동안은 계란 안에서 형태 결정을 유도하는 물질이 무엇인지에 관한 주제가 전 세계적으로 관심을 끌었습니다. 슈페만은 현상을 발견한 것이지 그 물질 자체를 발견한 것은 아니었으니까요. 그러니까 형성체 물질이 무엇인지를 규명만 하면 엄청난 발견이 될 게 분명했습니다. 그 물질이 발견되면 시험관 안에서 심장이나 신경을 발현시킬 수 있게 될 테니 말입니다. 전 세계 연구자들이 죽기 살기로 달려들었습니다. 일본에서도 연구가 대단히 활발했습니다. 지속적으로 '형성체 물질' 탐구 경쟁을 벌였지요.

그런데 논문은 계속 나왔지만 초점은 분명치 않았습니다. 이렇다 할 결정적 결과가 없었던 겁니다. 그렇게 쉽게 찾아지지 않았지요. 그렇게 30년 정도가 흐른 뒤, 어느 날 어떤 유명 연구자가 분필 가루를 계란에 넣어 봤습니다. 그랬더니 신경세포 같은 게 생겼어요. 그러자 '이게 뭐냐? 분필 가루만 넣어도 뭔가 생기지 않느냐?' 이렇게 된 겁니다. 결국 그 연구자는 '발생을 유도하는 물질은 불특정 다수이지 특이물질이 있는 것은 아니다'라는 결론을 내립니다. 아주 유명한 분이 그렇게 발표를 하니까, 무슨 일이 일어났느냐? 일순간에 썰물이 빠져나가듯 전 세계 연구자들이 일제히 형성체 물질 찾기에서 손을 떼버렸습니다. 당연히 일본에서도 연구하는 사람이 없어졌지요.

1950년대 후반에 '형태 형성을 유도하는 특이물질은 존재하지 않는다'고 그 분야 권위자가 결론을 내렸고, 그 결과 각국의 연구자들이 그 분야에 흥미를 잃었어요……. 그만큼 큰 영향력을 행사했던 거군요. 그런데도 아사시마 선생님은 이 분야에 용케도 뛰어드셨네요.

권위자가 그렇게 이야기했다지만 저는 도저히 포기할 수가 없었습니다. 뭐랄까, 반드시 그런 물질이 존재한다는 확신이 있었어요. 그래서 지금까지 발표된 논문을 전부 모아서 하나도 빠뜨리지 않고 다 읽었습니다. 편수로 따지면 만 편도 넘을 겁니다. 그랬더니 제가 찾는 형성체 물질의 본질과 관련된 형태 형성을 제대로 다룬 논문은 극소수더군요. 한 손으로 헤아릴 정도였습니다. 앞서 그 유명한 연구자의 논문만 해도, 형성됐다는 게 신경세포였는데 사진을 보면 형태는 만들어지지 않은 상태였습니다. 뇌면 뇌, 심장이면 심장, 근육이면 근육, 각각의 형태가 있거든요. 그런 형태가 생기는 것과 미분화세포가 존재하는 것은 전혀 다른 문제입니다.

슈페만의 주장은 미분화세포에서 형태를 유도해 내는 형성체가 있다는 것이었습니다. 그 형성체 물질에 관한 논문이 아주 적은 걸 보고 '이건 할 만한 가치가 있다!'고 생각한 겁니다. 하겠다고 결심을 하고 나서는 한눈팔지 않고 매일같이 그 물질을 찾는 데만 몰두했습니다.

구체적으로는 개구리와 도롱뇽 알을 가지고 날마다 씨름했지요. 알 속의 미분화세포를 잘라서 시험관 안에 넣고 외부에서 물질을 투입하는 방식으로 미분화세포에서 심장, 신장, 췌장, 안구, 그 외에 다양한 장기를 만들겠다는 목표를 세웠습니다. 그리고는 시험관 안에서 여러 가지 수술을 하고 그 인과관계를 조사해서 수술이 어떤 결과를 초래하는지 결론을 축적했지요.

1989년에 드디어 형성체 물질을 발견하셨습니다. 50년 이상 전 세계 연구자들이 거들떠보지도 않던 분야에 밝은 빛이 비친 순간이었을 텐데요, 연구계에 큰 충격을 주었지요?

결론부터 말하면, 어떤 세포를 어떤 장기로 발전시킬지를 제어하는 알 속 물질은 '액티빈(activin)A'라는 단백질이었습니다. 그 액티빈을 사용해서 저는 세계 최초로 시험관 안에서 미분화세포로부터 심장이나 신장 등 스무 가지 이상의 장기를 형성하는 데 성공했습니다. 그렇게 함으로써 장기가 어떻게 생겨나는지부터 유전자 발현의 순서까지 밝혀낸 겁니다.

시험관 안에서 미분화세포를 가지고 심장을 형성하는 경우를 가정해 봅시다. 진짜로 맥박이 뛰는 심장 말이에요. 그 작업이 가능해지면 분자생물학적으로 어떤 유전자가 어느 시기에 나타나서 심장이 만들어지는지를 시험관 안에서 실제로 확인할 수 있습니다. 최근의 게놈 과학과 결부시키면 수많은 게놈 정보를 이용해서 심장뿐 아니라 췌장, 장관 등 다른 조직이나 기관이 형성되는 과정도 시험관 안에 둔 상태로 관찰할 수 있지요.

시험관 안에서 이런 다양한 기관과 조직을 형성할 수 있다는 사실이 알려지자마자 봇물이 터지듯 엄청난 기세로 전 세계 연구자들이 그 분야로 몰려들었습니다. 그렇게 분자생물학과 발생생물학, 신경과학 등 현대 생명과학의 커다란 물줄기가 합쳐졌고, 이후로는 알이 성체의 형태를 갖추는 연구에서 세계적으로 치열한 경쟁이 벌어졌지요.

그사이에 저는 개구리로 성공했으니 실험용 쥐를 가지고도 성공할 수 있을 거라는 생각을 했습니다. 세상 사람들이 "그건 개구리 실험이었잖아" 하는 이야기를 많이 했거든요. 개구리니까 성공했지 쥐나 다른 생물이었다면 불가능했을 거라는 평가를 수없이 받았습니다. 그런데 사실 제 입장에서는 개구리였기 때문에 성공했다는 생각은 안 해봤습니다. 저는 쥐를 가지고도 당연히 성공할 수 있다고 봤어요. 실제로 해봤더니 생각했던 대로 개구리로 실험했을 때 확인했던 형성 과정이 쥐의 미분화세포에서도 똑같이 일어났습니다. 상상했던 것보다 의외로 쉽게 확인됐지요.

쥐의 미분화세포에 액티빈을 부여하니까 췌장의 경우 인슐린을 분비하는 내분비세포뿐 아니라 아밀라아제를 분비하는 외분비세포, 도관(導管)까지 통째로 형성이 된 겁니다. 그래서 다음에는 췌장 말고 다른 장기도 만들 수 있지 않을까 생각했고 실험을 통해 성공해 냈습니다. 생각지도 않게 개구리와 쥐에 공통성이 있다는 점을 밝히게 되었지요.

그래서 개구리로 성공했고 쥐로도 성공을 했으니 이번에는

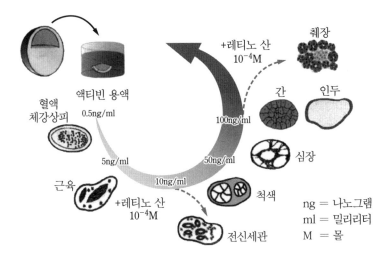

+레티노 산
10^{-4}M

췌장

혈액
체강상피

액티빈 용액
0.5ng/ml

간   인두

100ng/ml

5ng/ml   50ng/ml

심장

근육

10ng/ml

+레티노 산
10^{-4}M

척색

전신세관

ng = 나노그램
ml = 밀리리터
M = 몰

미분화세포를 액티빈 처리했을 때 형성되는 조직과 기관

사람의 ES세포로도 가능하지 않겠느냐는 생각을 했습니다. 요즘 인
간 ES세포(Human Embryonic Stem Cell)[9]와 인간 iPS세포(Human
induced Pluripotent Stem Cell)[10]를 이용한 연구가 활발히 진행되고

---

9) 배아줄기세포. 수정란이 세포분열을 일으키면 배반포(胚盤胞)가 되는데, 이 배반포 안쪽의
세포 덩어리를 특정 환경에서 배양하면 더 이상 분화는 일어나지 않지만 모든 조직의 세포
로 분화할 수 있는 능력을 가진 세포를 만들 수 있다. 이것을 ES세포, 즉 배아줄기세포라
부른다. 그러나 수정 후의 배아를 파괴하는 방식 때문에 윤리성의 논란이 있고 장차 암을
유발할 수 있다는 문제도 제기된다.

10) 유도만능줄기세포(성체줄기세포). 쥐 또는 인간 성체의 분화 중인 세포에 SOX-2 등 4개
유전자를 도입해 만들며, 의학에서 필요로 하는 장기의 특성에 맞게 분화할 수 있는 특성
이 있다. 2012년 노벨 생리의학상을 수상한 교토대학의 야마나카 신야(山中伸弥) 교수팀이
분화한 세포를 미분화세포로 돌리는 프로그래밍을 통해 만들어 냈다.

있는데, 근원을 거슬러 올라가 보면 앞서 이야기한 역사가 있는 것이지요.

1972년에 독일로 유학을 가셨다가 1974년에 돌아오셨습니다. 당시 일본은 석유파동이 한창이었는데, 연구 환경에 악영향을 미치지는 않았습니까?

대학원에 진학했을 무렵, 베를린 자유대학교의 분자생물학·생화학연구소의 티데만(Heinz Tiedemann) 교수팀이 본격적이고 지속적으로 형성체 연구를 하고 있었습니다. 당시에는 형성체 연구를 하는 곳이 세계적으로 거기 딱 한 군데밖에 없는 실정이었습니다. 그래서 1972년에 대학원을 수료하고 나서 곧장 거기로 달려가 2년 반 동안 연구원 생활을 했습니다. 어차피 일본에서는 취직도 안 됐고요(웃음).

당시에 티데만 교수는 벌써 30년 이상 닭의 배아에서 유도물질을 뽑아내는 연구를 하고 계셨습니다. 그곳에 연구원으로 있으면서 두 가지를 느꼈습니다. 하나는 독일 연구자들의 끈질긴 근성입니다. 그들은 발생학의 초석을 다져서 노벨상을 수상한 선배들의 공적을 끊임없이 이어가고 있었습니다. 국가적으로도 그 연구에 30년간 계속 연구비를 지원하고 밀어주는 단단한 정신이 뿌리를 내리고 있었고요. 정말 중요한 연구를 볼 줄 아는 눈을 가진 사람들이 있다는 것, 그리고 그 명맥을 유지시키는 시스템이 있다는 데 감동을 받았습니다. 또 하나는 생전 처음 보는 아시아의 풋내기 연구자까지도 불러서 연구를 시키는 과감함입니다. 그 연구소에 유학을 간 아시아인은 제가 처음이었습니다. 저는 거기서 물질을 추출하는 법도 배웠고 배아발생 수술법도 배웠습니다. 티데만 교수 부부가 제게는 은인이지요.

1974년에 귀국한 뒤에는 요코하마 시립대학 문리학부에 조교수직을 얻었습니다. 그때부터는 완전히 '맨땅에 헤딩' 하는 연구생활이 시작됐습니다. 실험기구도 없지요, 연구비도 없지요, 하다못해 조수나 학생도 없었습니다. 있는 거라곤 자유뿐이었지요. 채용해 준 교수님은 제게 하고 싶은 걸 하면 된다고 하시더군요. 연구를 해도 제대로 평가받지 못하고, 연구를 안 해도 평가받지 못하는 건 마찬가지니 제 마음대로 하면 된다고 격려해 주셨습니다(웃음). '유학 갔다 막 돌아온 패기 넘치는 젊은 연구자에게 이게 무슨 소린가?' 싶었지만 의외로 그런 어려운 상황이 나중에는 성과로 돌아오더군요.

연구를 할 수 있느냐 없느냐는 기계가 있느냐 없느냐 하고는 별개의 문제입니다. 중요한 건 의욕이 있느냐 없느냐, 그겁니다. 정말로 하고 싶다는 의욕이 있으면 연구의 토양은 이미 충분한 겁니다. 시간이 걸리더라도 조금씩 앞으로 나아갈 수 있고, 하나하나 쌓아가다 보면 성과는 반드시 따라옵니다. 저는 나무를 깎아 목욕통을 만드는 공장에서 통을 얻어 와 개구리를 키웠고, 냉장고는 전기상에서 중고를 얻어다 썼습니다. 배양실은 목재상에서 직접 잘라 온 나무를 조립한 다음 비닐로 커튼을 만들고 자외선램프를 달았지요.

전부 다 직접 만들었습니다. 그래도 실험만 잘됩디다.

실제로 유도물질을 발견하기까지는 다양한 시행착오를 반복했습니다. 그야말로 칠전팔도(七顚八倒), 넘어지고 고꾸라지기만 하고 좀체 일어날 줄을 몰랐지요. 학회를 가면 두들겨 맞지요, 그렇다고 주위 사람이 평가를 해주는 것도 아니고. 그래도 포기하지 않았던 건 제게 꿈이 있었기 때문입니다. 그걸 꼭 해야겠다는 꿈 말입니다.

요코하마 시립대학에 부임하신 후 하나부터 열까지 직접 하셔야 했던 환경이 창조성을 키웠다는 말씀으로 들립니다. 그런 환경 속에서 세계적인 발견을 하셨으니 돈이 없어 못한다거나 기자재가 없어서 못한다는 얘기는 변명이겠군요?

지금 돌이켜 보면 정말 역설적인데, 맨땅에 헤딩을 해야 했던 연구실이 꿈을 좇는 데는 좋은 환경이었습니다. 당시 저에게는 행운이라고 할 수 있는 조건이 두 가지 있었습니다. 하나는 그 연구 분야를 세상 사람들이 다 기피한 탓에 새로 들어오는 사람이 아무도 없었다는 겁니다. 그때 저보다 스무 살 정도 나이가 많은 연구자들이 있었지만 그분들은 벌써 있는 비난, 없는 비난을 다 듣다 보니 학회에서도 늘 마이너였습니다. 그러니까 저한테는 라이벌이 없었던 셈이지요. 다른 하나는 과거 50년 동안의 방대한 자료가 축적되어 있었다는 겁니다. 이것도 저한테는 아주 행운이었습니다. 과거 데이터를 다 읽고, 스스로 납득할 수 있을 때까지 조용하고도 충분한 시간을 가질 수가 있었으니 말입니다. 담당하던 수업시간 외에는 전부 저를 위해서 쓸 수 있었지요. 요즘 대학에서는 젊은 선생님들이 그런 시간을 좀처럼 가지기 어려울 겁니다. 저야 그런 면에서 행운 아였지요.

연구에는 주말이 따로 없습니다. 그래서 주말에는 저희 아이들을 데리고 대학으로 갔어요. 학생들이 자주 데리고 놀아 주었지요. 당시에는 전철 첫차를 타고 가서 막차를 타고 집으로 돌아오는 게 일상이었습니다. 그러다 보니 거의 앉아서 오갈 수가 있었어요. 덕분에 전철로 통근하는 시간을 과거 논문을 읽는 귀중한 시간으로 활용할 수 있었고, 그것들 모두가 귀중한 자료의 보고라는 것을 깨달았습니다. 연구에 평생을 걸고 형성체 물질을 찾기 위해 뜨거운 열의를 불태운 학자들의 흔적이 그 모든 논문에 생생하게 남아 있었습니다. 그런 논문들을 읽으면서 수없이 흥분을 맛보았지요. 발견의 기쁨, 생각대로 풀리지 않는 답답함, 애초의 의도와 다른 결론을 제시할 수밖에 없는 안타까움……. 논문 한 편, 한 편을 읽는 동안 온갖 흔적을 느낄 수 있었습니다. 그러면서 제가 목표로 하는 연구의 진짜 본질에 가까운 논문을 추려냈습니다. 그 작업도 참 재미있었습니다. 그렇게 논문들을 읽고 분류하면서 '이거야말로 과학의 진짜 재미다'라는 생각을 했답니다.

어떻게 보면 대단히 고독한 작업이었을 것 같습니다. 15년이란 세월 동안 '만약 형성체 물질을 발견하지 못하면 어떡하나?'라는 생각은 안 해보셨습니까?

　남들이 보기에는 아주 고독한 작업이었을지 몰라도 저는 그렇게 생각한 적이 없었습니다. 성과가 좀처럼 안 나타나니까 주위 사람들은 걱정도 하고 동정도 하고 했을 겁니다. 예를 들어 제가 학회에서 발표를 하잖습니까? 그러면 예전에 연구를 하시던 유명한 선생님들이 오셔서는 이런 말씀을 하셨어요. "작년하고 비교해서 거의 진척이 없는 것 아닌가?" 하고 말이지요. 그러면 저는 또 이렇게 대답을 했습니다. "잘 보세요. 올해도 슬라이드를 10장 썼는데 그중 어느 한 장도 작년하고 똑같은 슬라이드는 없습니다. 작년보다 10% 정도 활성도가 높아졌거든요. 이게 제가 낸 성과입니다. 이해하시죠?"라고요. 그러면 그 선생님들은 "거기까지는 몰랐네. 그럼……" 하면서 딴 데로 가셨습니다. 당시에 제가 하던 실험으로 1년에 효율을 10%나 올리기는 참 어려웠습니다. 그 10%를 어떻게 볼 것이냐 하는 게 문제인데, 많은 이들이 '열심히 하는구나' 하면서도 속으로는 '그런데 고작 10%야?'라는 생각을 했을 겁니다. '그런 식으로 해서 제대로 된 결과는 언제 얻겠어?'라는 생각도 했겠지요. 남들의 눈은 그런 겁니다.

　사실 '형성체 물질을 영영 발견하지 못하면 어쩔 거냐?'라는 질문도 여러 번 받았습니다. 그 질문에 대한 제 대답은 '설사 내가 찾지 못한다 해도 누군가는 언젠가 반드시 발견할 것이고, 내가 연구를 계속하는 한 나는 그 토대를 만들 수 있다. 그걸로 충분하다'

였습니다. 정말 그렇게 생각했습니다. 그러니까 여건이 안 좋았어도 연구를 계속하는 데 주저가 없었지요.

아사시마 선생님께서는 어떻게 해서 발생생물학 분야에 뛰어들게 되셨습니까? 또 유년시절은 어떻게 보내셨는지요?

저는 사도(佐渡)라는 시골 섬마을 출신이라 집 주변에 밭과 연못이 많았습니다. 초봄이 되면 개구리가 산란을 하지 않습니까? 새까만 알이 어느 날 일제히 부화해서 헤엄을 치는 올챙이가 되는 모습에 얼마나 가슴이 두근거렸는지 모릅니다. 동그란 알이 어떻게 그렇게 바뀌는지, 어린 마음에 신기해서 어쩔 줄 몰랐지요. 그 기억이 생물연구 쪽으로 저를 이끌었던 것 같습니다.

아시겠지만 사도는 멸종된 따오기의 복원센터가 있는 지역으로 유명합니다. 그리고 그 지역 사람들은 누구나 어떻게든 그 아름다운 섬을 보존해야 된다고 생각하지요. 제가 중학교 때 작은 아버지께서 따오기 연구를 하셨습니다. 저는 작은아버지를 따라다니면서 여러 가지를 관찰하고 많은 이야기를 들었어요. 작은아버지께서는 따오기 배설물만 봐도 '설사를 하는구나'라거나 '변이 아주 좋네', '이 녀석은 미꾸라지를 먹었다'를 금방 알고 가르쳐 주셨습니다. 중학생이었던 저는 정말 대단하다고 생각했습니다. 그리고 '나도 저렇게 되었으면 좋겠다'라는 꿈을 키웠습니다. 따오기라는 종이 자연 상태에서 보존되려면 몇 마리가 필요할지를 열심히 계산해 보기도 했습니다. 그게 제 생물학 공부의 시작이었지요.

저는 곤충도 좋아했습니다. 가뢰[11], 사도 곤봉딱정벌레 등 사도에는 그 지역에만 서식하는 곤충이 많아서 곤충소년이었던 저는 정신없이 산과 들을 돌아다녔습니다. 특히 딱정벌레는 아름답고 크고 위풍당당했지요. 최근 그 벌레들의 유전자 조사를 통해 일본 열도가 중국 대륙에서 언제 분리되었는지, 사도가 본토에서 언제 분리되었는지 등 지형 변동의 연대까지 밝혀졌습니다. 벌레 한 마리의 몸속에 지금의 사도 섬이 어떻게 생겨났는지를 지형학적으로 보여 주는 정보가 모두 새겨져 있었던 겁니다. 대단하지 않습니까? 이게 바로 유전자에 새겨진 역사입니다. 하나의 생물 속에도 지구의 역사가 그려져 있단 말입니다.

따져 보면 곤충이나 개구리는 모두 3억 년의 역사를 지닌 생물입니다. 그에 비해 인류는 기껏해야 30만 년이에요. 그러니까 개구리의 세포에는 수중에서 육상으로 몸을 적응시키면서 3억 년이라는 세월을 살아온 역사가 새겨져 있겠지요. 개구리를 잘 관찰해 보면 처음부터 육상에 살았던 인간에게는 없는, 또는 숨어 있어서 보이지 않는 부분이 있기 마련입니다. 거기에 인류의 원형을 밝혀낼 단서가 있을지도 모릅니다.

지금은 멸종하고 없지만 공룡도 2억 년 이상이나 생존했습니다.

11] 곤충강 딱정벌레목 가뢰과에 속하는 곤충의 총칭.

인간은 그렇게 오랫동안 생존하지 못할 수도 있습니다. 원래 생물의 목적은 자신의 종을 후대에 남겨서 유지하는 것 아니겠습니까? 사람속(屬)은 200만 년의 역사 끝에 지금 호모 사피엔스만 남았습니다. 이대로 가면 자멸할지도 모르는데 그런 방향도 진화라고 할 수 있을까요?

이대로라면 인간은 그리 오래 생존할 수 없을 겁니다. 그렇기 때문에 우리는 인류가 어렵게 획득한 지혜를 지속적인 발전을 위해 써야 합니다. 또 그러려면 인간과는 비교도 할 수 없는 긴 역사를 지닌 다른 생물들로부터 배우려는 자세가 필요합니다.

사람들은 인간이 다른 생물보다 훨씬 뛰어난 능력을 지녔다고 생각하지만, 사실 우리는 200미터 앞에 있는 사람의 이야기도 들을 수가 없습니다. 하지만 고래는 천 미터나 떨어져 있는 동료의 소리를 듣고 대화를 합니다. 지금 지구상에는 800만 종의 생물이 살고 있는데, 그중 인간이 최고라는 생각은 착각입니다. 다만 인간이 확실히 뛰어난 부분을 꼽자면 다른 생물로부터 무언가를 배울 수 있는 힘과 지혜가 있다는 점이겠지요.

자연 속의 생물을 관찰할 수 있어서 저는 제 연구가 즐겁습니다. 저는 연구실 학생들과 함께 매년 니가타(新潟) 현의 무라카미(村上) 방면으로 도롱뇽을 잡으러 갑니다. 채취에 아주 적합한 장소거든요. 봄에 잡은 도롱뇽은 가을에 돌려보내고 가을에 잡은 도롱뇽은 봄에 놓아주는데, 언제나 잡은 장소를 정확히 기록했다가 반드시 그 장소로 돌려보냅니다. 생태계를 교란시킬 수도 있기 때문에 야생의 유전자는 절대 뒤섞이 않아요. 35년 동안 계속 그런 방법으로 연구했습니다. 매번 대략 2천 마리 정도를 잡으니까 계절이 바뀌면 솎아 내는 작업이 반복되지요.

학생들은 자신들이 직접 채취한 도롱뇽을 연구 재료로 삼으면 바로 눈빛이 달라집니다. 직접 잡은 도롱뇽이니까 아주 소중하게 다뤄요. 연구에 이용한 후에는 반드시 자연으로 돌려보내려 하고요. '도롱뇽 따위 업자에게 사면 편할 텐데'라고 생각하는 사람도 있겠지만 고생을 하더라도 스스로 자연에서 연구 재료를 채취하는 체험은 대단히 중요합니다. 자연 속 체험을 통해서 학생들은 도롱뇽 말고도 물장군이나 소금쟁이, 물맴이 등 다양한 야생 생물을 보게 됩니다. 그 생물의 행동을 관찰하는 사이에 재미를 알게 되지요.

어떤 학생이 그러더군요. '물장군 학교'라는 동요에 나오는 광경을 생전 처음 봤다고 말입니다. 가사를 보면 '줄 맞춰 나란히'라는 부분이 있는데 물장군은 정말 무리가 일제히 방향 전환을 하거든요. 그런 행동을 처음 보는 학생들은 감동을 받습니다. 소금쟁이가 물 위를 뛰어가는 걸 보면 소금쟁이는 어떻게 저럴 수 있냐고 저한테 묻는다니까요. 그럼 저는 스스로 생각해 보라고 합니다. 그러면 학생들은 그 소금쟁이를 조심조심 연구실까지 옮겨 옵니다. 그리고 다리를 잘라 보거나 세제로 발을 씻어 보면서 어떻게 되는지를 관찰하지요. 발을 세제로 씻으면 당연히 소금쟁이는 가라앉을 것 아닙니까? 그걸 발견하면 막 함성을 지르면서 좋아해요.

그런 과정을 통해 소금쟁이의 발에서 기름 성분이 나온다는 것을 알게 되는 것처럼 도롱뇽을 직접 채취하면 그 작업이 단순히 알을 얻기 위해서가 아니라는 것을 알게 됩니다. 도롱뇽의 생활을 관찰하다 보면 그 주변에서 어떤 재미있는 일들이 일어나는지도 몸소 확인할 수 있거든요. 예를 들어 도롱뇽의 구애 행동은 사랑하는 연인 간의 쫓고 쫓기기 놀이처럼 이루어진다는 것을 관찰할 수 있지요.

연구라는 건 그런 구체적인 체험을 통해 이루어져야 하는 거로군요. 교실에서 배운 내용으로 논문을 쓰는 것이 아니라 말입니다.

젊은이들은 감성이 예민합니다. 하지만 감성은 끌어내지 않으면 잠잘 뿐입니다. **자기 안에 잠자는 감성을 젊은 시절에 얼마나 일깨울 수 있는지, 얼마나 겉으로 드러낼 수 있는지에 따라 훗날 그 사람의 연구의 폭이 달라진다고 봅니다. 감성은 상상을 뛰어넘는 것을 보았을 때 눈을 뜹니다.** 생물이 얼마나 멋지고 흥미로운지, 그 아름다움과 깊이를 접했을 때 기존에 느끼지 못한 온몸이 떨리는 흥분을 맛볼 수 있습니다. 그런 충격으로 잠재된 감성을 잠에서 깨워야 합니다.

아사시마 연구실의 모토는 첫째 '자연에서 배워라', 둘째 '패션(passion)을 가지고 임하라', 셋째 '일에는 순서가 있다', 넷째 '예측한 사실에 반하는 결과가 나오면 간과하지 마라', 다섯째 '독창적인

(original) 연구를 하고, 결과가 나오면 논문을 써라'입니다. 제가 말하는 패션이란 정열을 넘어선 열정이라고도 할 수 있습니다. 그런 열정을 가지고 모든 것을 자신의 연구로 받아들이고 노력하라고 학생들에게 말해왔습니다. 일에 순서가 있다는 말은 자연을 상대하는 연구에서는 '연구 우선(research first)' 정신이 중요하고 그러기 위해서는 확실한 기술 습득이 필요하다는 의미입니다. 예측한 사실에 반하는 결과가 나왔을 때 절대 그냥 지나치면 안 되는 이유는, 바로 그 부분이 커다란 발견의 실마리이기 때문이고요.

인간은 아무래도 자기중심적으로 생각하기 마련입니다. 다른 생물에게서 배우면 더 현명해질 텐데 말이지요. 자기중심적 사고는 발전 가능성을 스스로 닫는 결과를 낳지 않을까요?

자신들의 판단만으로 사물을 보면 위험합니다. 인간 이외 생물의 다양성에 눈을 돌리면 생물 하나하나가 얼마나 대단한지를 느낄 수 있습니다. 그것을 따라 하고 배울 수 있어야 진정한 의미에서 현명해질 수 있습니다.

다른 생물에게 배우려면 어떻게 해야 하겠습니까? 자기중심적 생각에서 탈피할 필요가 있겠지요. 상대와의 차이를 받아들이는 관용, 자신과 다른 상대를 존경하는 진지함 등 타자와 함께 살아가는 유연함이 요구된다는 말입니다. 그런 유연함을 가지기 위해서는 나름의 배경과 교양을 갖추어야 하지요. 그런 점에서 저는 상당히 불

도쿄대 리더육성 수업 · 과제설정의 사고력

안합니다. 현재 일본이 대단히 위험한 상황에 처해 있다고 보거든요.

학생들이 아침부터 밤까지 컴퓨터만 쳐다보고 있습니다. 모든 정보를 거기서 얻지요. 자기 눈으로 실물을 보고 확인하려 하지 않는 사람들이 많다는 겁니다. 그런 사람들은 컴퓨터하고는 이야기가 통해도 살아 있는 사람과는 마주 보고 대화를 못합니다. 사람은 사람과 대화를 해야 성장합니다.

함께 논의할 줄 모르는 사람이 늘어나는 현상이 참 걱정됩니다. 여러 사람과 논의하는 것이 왜 그리 중요하냐 하면 논의하는 과정에서 자신보다 나은 사람을 발견할 수 있기 때문입니다. '이 사람은 이런 훌륭한 생각을 하는구나', '저 사람은 저런 걸 할 줄 아는구나'를 느끼고 순수하게 상대를 훌륭히 여길 줄 알아야 합니다. 그래야 자신의 세계를 넓힐 수 있습니다.

세대를 초월한 정보교환이 점점 어려워지고 있습니다. 가족의 형태도 바뀌고 있어 세대 간에 무언가가 계승되는 문화 풍토도 점점 사라지고 있고 말입니다. 우리는 어떻게 해야 할까요?

긴 인생을 통해 축적된 연장자의 사고방식과 견해에 대해 고맙게 생각해야 하겠지요. 연장자와 함께 있으면 반드시 얻는 부분이 있습니다. 언뜻 들으면 낡고 보잘것없는 것 같지만 그 사람들은 인생의 본질을 이야기합니다. 그 속에서 깊이를 배울 수가 있어요.

생물들을 보세요. 대부분 알을 낳습니다. 어미는 알을 낳고 나면 넓고 큰 바다로 나가거나 산으로 날아가거나 합니다. 알에서 태어난 새끼도 나중에 크면 상당히 멀리까지 가지요. 하지만 언젠가는 모두 알을 낳았던 장소, 태어난 장소로 다시 돌아옵니다. 동물에게는 대부분 그런 귀소본능이 있습니다. 뒤집어 말하면 동물은 누구나 돌아갈 장소와 맞아줄 장소가 필요하다는 의미입니다.

우리 인간도 그렇습니다. 도시에 나가더라도 때로는 시골로 돌아가서 할아버지, 할머니와 이야기를 나누고 마음을 살찌워야 합니다. 그건 생물학적으로 당연한 일인데 그 당연한 일을 할 수 없는 세상이 되고 있어요. 둥지로 돌아가 마음을 살찌우기보다 물질적 풍요로움에 눈길이 쏠리지요. 하지만 물질적으로 아무리 부자라도 마음이 채워지지 않으면 정신적 허기감은 더 커질 뿐입니다.

제일 큰 걱정은 그런 환경에서 자라면 감성과 인간다움이 무뎌져서 자연을 앞에 두고도 감동할 줄 모른다는 겁니다. 개구리와 도롱뇽을 보고, 재미있고 신기한 무언가를 보고도 "와!" 하는 탄성을 지를 수 있는 호기심이 사라지는 거예요.

화경청적(和敬淸寂)[12], 청경우독(晴耕雨讀)[13]이라는 말을 보면 일본인들이 마음속으로 자연과 더불어 사는 삶을 꿈꾼다는 것을 알 수 있습니다. 하지만 실제 생활은 그와는 거리가 멉니다. 특히 요즘은 정보가 넘치고 대도시 중심의 문화가 주류를 이룹니다. 제 고

12] 특히 일본 다도에서 중시하는 자세로 화합과 공경, 맑음과 고요의 정신을 강조한 말이다.

13] 갠 날에는 밭을 갈고 비 오는 날에는 책을 읽는다는 의미로 전원에 한거하는 문인의 생활을 나타낸다.

향인 사두에서두 젊은이들은 도시 사람처럼 살아요. 예전에는 전통적인 생각과 좋은 관습, 삶의 지혜 같은 것들을 가족 안에서 부모가 자식에게, 자식이 손자에게 물려주었지만 지금은 그렇게 입에서 입으로 전해지는 문화가 점차 옅어지고 있습니다.

저는 지금이 딱 과도기라고 봅니다. 이 과도기를 어떻게 극복하고 마음을 살찌우는 시스템을 만들 수 있을지가 중요합니다. 세대와 세대를 잇는 시스템, 세대 간에 공유하는 시스템을 어떻게 만들 것이냐가 많은 것을 좌우할 겁니다. 그런 시스템이 있어야 자기중심적 사고에서 탈피할 수 있고, 다른 이와 더불어 사는 유연함과 지혜를 익힐 수 있습니다. 그러지 않고는 다른 생물의 다양성으로부터 아무것도 배울 수 없습니다.

'교양'이 중요하다고 하셨습니다. 그런데 일본인이 잃어 가는 면들을 보충하기 위해서 필요하다는 의미인지, 일본인의 변화와는 무관하게 애당초 인간의 판단력으로서 중요하다는 의미인지 궁금해지는군요.

교양이란 것은 방대한 정보 가운데에서 무엇이 진짜인지, 지금 필요한 것은 무엇인지를 구분하는 힘입니다. 저희처럼 자연과학을 연구하는 사람들은 다양한 생태계 관련 지식, 그러니까 다양한 생물이 어떤 위치 관계에 있는지를 이해할 수 있어야 합니다. 그게 아주 중요합니다. 또 자연과학 분야라고 해서 정치나 경제, 문화와 동떨어져 존재하는 것은 아닙니다. 연구비를 계속 확보하려면 연구자가 독창적인 내용을 제시함과 동시에 세계경제의 동향을 주시하고 있어야 합니다. 해외에서 어떤 일이 일어났을 때 지금 상황을 어떻게 판단할 것인지에 대한 판단 기준이 있어야 되겠지요. **어떤 국면에서도 올바른 판단을 내릴 수 있는 기준이 바로 교양이라고 생각합니다.** 하루아침에 익힐 수 있는 것이 아니다 보니 항상 주변에서 발생한 문제에 관해 자기 나름의 생각을 가지고 주위 사람들과 논의하고, 가급적 좋은 판단을 내리는 훈련이 중요하지요.

> 교양의 유래는 12~13세기, 유럽에 대학이 세워졌을 때 신학, 법학, 의학 이 세 학부에 진학하기 전에 문법, 수사학, 논리학 등의 3학과 산술, 기하, 천문, 음악 등 4과를 포함한 일곱 개 자유학예(art liberales)를 공부해야 했다는 데에서 찾을 수 있습니다. 당시 일곱 개 과목 중에는 '과학'이라는 개념이 없었지만 현대인에게는 과학을 포함한 교양이 필요하지 않겠습니까?

저는 애초에 과학 없는 교양은 있을 수 없다고 생각합니다. 예를 들어 머리카락 한 올만 있어도 부모자식을 판정하고 개인을 특정할 수 있는 DNA 감정이 앞으로 점점 발전할 겁니다. 그런 시대에 그 메커니즘을 과학적으로 이해하지 못하면 온갖 문제의 본질을 잘못 볼 수 있습니다. 과학과 기술은 일반 사람들의 사고능력이 따라오느냐 마느냐 하고는 전혀 무관하게 발전합니다. 이제는 누구나가 과학적 논리성을 갖추고, 그 바탕 위에서 문제의 해결책을 생각해야 하는 시대예요. '과학을 포함한 교양'이 필요한 이유는 그런 시대적 상황 속에서 판단을 내리기 위해서입니다. 때문에 올바른 과학 지식을 토대로 기술을 평가하고, 나아가 법적인 정비를 하는 시스템 구축이야말로 정말 시급합니다.

과학자들은 과학자들 나름대로 책임감을 가져야 합니다. 물리학자들이 세운 새로운 에너지 이론은 원폭 같은 위협을 초래했습니다. 화학자들은 나일론과 비닐, 플라스틱을 개발해 인간의 생활을 편리하게 만들었지만 한편으로는 공해를 낳았지요. 이번에는 생물 차례예요. 유전자를 조작할 수 있게 되었으니 인간이 어디까지 손을 댈지를 더 논의하고, 철학과 깊은 교양에 바탕을 둔 가이드라인을 만들어야 할 것입니다.

저는 발생생물학 연구자로서 첫째로 자연의 섭리에서 현저히 멀어지는 일만큼은 해서는 안 된다고 생각합니다. 생식세포에 관해서 말하자면 다음 세대에 영향을 주는 조작은 하지 않겠다는 것이 기본 방침입니다. 둘째로 인간의 존엄을 생각할 때 뇌 속에 온갖 것들을 집어넣어서 그 사람의 정체성을 망가뜨리는 짓은 해서는 안 된다고 봅니다. 이 두 가지에 관해서는 아주 신중하게 접근하지요. 이런 기준에서 볼 때 과학자에게도 교양이 필요합니다.

지금은 국가와 분야에 상관없이 누구나가 치열한 경쟁에 노출되어 있기 때문에 느긋한 소리 하다가는 경쟁에 뒤쳐진다고 말하는 사람도 있을 겁니다. 학생들만 봐도 임팩트 펙터(Impact factor)가 높은 저널에 남보다 일찍 논문을 발표하는 것이 연구의 목적이 되어 버린 느낌입니다. 하지만 그것은 진정한 과학이 아닙니다. 경쟁에 휘둘리지 않고 신념을 관철하기 위해서는 배포가 필요합니다. 배포와 교양은 별개의 문제이기는 하지만 둘 다 꼭 필요한 자질입니다. 하나라도 없으면 미래를 내다본 판단을 할 수 없고, 마지막까지 소임을 완수하겠다는 책임감도 생기지 않습니다. 자연의 섭리와 자연사(Natural History)에 바탕을 둔 생명관이 필요하겠지요.

스크랩 앤드 빌드(scrap and build)[14]라는 말이 있지 않습니까? 버리는(scrap) 건 간단하지만 무언가를 세우는(build) 데에는 시간이 걸립니다. 그런데 나쁜 것을 없애고 새로 만들어야 하는 시점에서 근시안적 판단으로 좋은 것까지 없앤다면 스크랩 앤드 스크랩(scrap and scrap)이 된단 말입니다. 그렇기 때문에 과학 연구뿐 아니라 정치, 경제도 모두 임기응변식 사고와 행동에서 벗어나야 실패를 반복하지 않습니다. 게다가 일본에는 한 번 실패하면 패자부활이 불가능한 풍토가 있습니다. 그렇게 되면 사람의 재능을 키우는 장 자체가 사라질 수 있습니다. 실패를 양식 삼아 잘 활용할 수 있는 시스템이 사회에 뿌리내려야겠지요. 끊임없이 도전하는 열정과 거기서 우러나오는 지혜를 공유하는 시스템을 사회와 조직이 나서서 만들어야 한다고 봅니다.

14] 비능률적인 설비를 폐기(scrap)하고 고능률적인 새 설비로 대체(build)하는 일을 가리키는 용어로 효율성을 촉진하려는 정책 수단으로 원용되기도 한다.

사이언스 리터러시

흔히 과학기술이라는 표현을 쓰지만 원래 과학과 기술은 성격이 다르다. 과거에는 농경과 제철처럼 반복 작업을 통해 경험적으로 기술을 개량하고, 그 결과를 과학이 이론적으로 뒷받침하는 방식이 일반적이었다. 하지만 20세기가 되면서 양상이 변했다.

원자력이나 생명과학은 먼저 과학 이론이 있고 나서 그것을 기술로 실현하는 순서로 우리 앞에 나타났다. 그런 전개 순서의 역전은 과학에 소원한 사람을 불안하게 만드는 경향이 있다. 이해하기 무척 어렵기 때문이다. 일반인들은 생명과학에 대해 너무 어렵다고 느낀다. 식물의 교배, 교접, 비단잉어의 품종개량 등에 대해 우리는 거의 생각해 본 적이 없다. 그저 누군가가 열심히 노력한 결과라고만 받아들일 뿐이다. 그러면서도 그 결과가 인공적 유전자 조작 또는 변환의 산물이라고 하면 우리는 갑자기 불안해 하며 거부반응을 일으킨다. 자연에서도 일상적으로 유전자 변환이 일어나지만 그런 지식이 없기 때문에 무조건 저항부터 하고 보는 것이다.

이렇게 원자력, 생명과학, 나아가 정보과학 분야의 공통점은 기술이 인간이 통제할 수 있는 한계선을 넘어선 것은 아닌가 하는 불안이 따라다닌다는 점이다. 불안의 정체는 인간이 발을 들여서는 안 되는 영역에 들어온 것은 아닌지, 과학과 기술을 인류 진보의 결과로 받아들일 수 없는 비관적 지경에 이른 것은 아닌지 하는 의문이다. 여기에 쉽게 답할 수는 없을 것이다. 전모를 파악할 수 있는 사람이 얼마나 될지도 의문이다. 왜냐하면 과거 철학에서 분리된 과학이 지금은 다시 철학과 크게 다르지 않은 영역에서 문제시되기 때문이다. 특히 해도 되는 일과 해서는 안 되는 일의 기준을 두고 윤리적 논란이 크게 일고 있다. 따라서 학자는 이 같은 상황을 다룰 수 있는 폭넓은 사고능력을 갖추어야 한다. 그런 능력을 갖춘 학자 중 한 사람이 아사시마 교수다.

아사시마 선생은 철학적인 분위기보다는 대단히 담백한 분위기로 광범위한 이야기를 들려주었다. 당연히 필자로서는 이해하기 어려운 이야기도 많았고, 사고의 지평이 트이는 이야기도 있었다. 그런 의미에서 인터뷰가 대단히 자극적이고 즐거웠다. 동시에 여러 중요한 점을 생각하게 되었다. 학문이나 연구의 틀보다는 지금 일본이 안고 있는 숙제와 관련된 문제에 관해서다. 선생의 연구 분야는 세계 최첨단일 뿐 아니라 생명, 그리고 인간 존재와 관련되어 있다. 연구를 추진하는 데 있어서 윤리적인 면을 포함해 깊은 사고가 필요하다. 그것이 생명과학의 특징이기도 하다. 단순히 복잡할 뿐 아니라 무엇을 어디까지 하면 될지 판단도 어렵다. 그 판단은 연구자 개인에게 맡겨진 문제가 아니다. 연구자가 생활하는 사회의 사고와 가치관에 영향을 받는다. 거기에는 국가 규제라는 형태의 제약도 있다. 각 연구자는 이 모든 것들을 고려하면서 전 세계 연구자들과의 경쟁에서도 이겨야 한다. 나는 그 경쟁에 장애물로 작용하는 일본 연구 환경의 척박함을 보았다. 그 척박함에는 물질적, 금전적인 면의 빈약함도 포함된다. 하지만 정치가와 정책 담당자가 가진 편협한 지식과 빈약한 사고방식에 기인하는 척박함도 상당히 크다.

아사시마 선생은 사도 섬 출신이다. 사도라는 시골의 자연 속에서 놀았던 어린 시절, 당신이 느꼈던 호기심부터 다양한 에피소드까지 많은 이야기를 들을 수 있었다. 어린 시절에 느낀 점이 선생의 연구 주제와 자연, 생명, 인간에 대한 사고 속에 지금까지 살아 있음을 확인했다. 선생은 일본 전국의 개구리와 도롱뇽을 이용해 실험을 하는데 그 개구리와 도롱뇽을 반드시 원래 자연으로 돌려보낸다고 한다.

인터뷰 도중 발생생물학, 개체발생, 미분화세포, ES세포, 액티빈 등 우리 귀에 익숙지 않은 단어들이 등장했지만 전체적으로 아마추어가 이해할 수 없는 이야기는 아니었다. 그래도 '이런 이야기는 어렵다. 게다가 내 직업과 관계가 없으니 관심이 생기지 않는다'

는 사람이 있을 것이다. 그런 이들에게는 '과학 분야에 대한 문해력인 사이언스 리터러시(Science Literacy)', 즉 과학 구사 능력을 이야기하고 싶다. 미래를 전망하는 데에는 그런 지식과 능력이 지극히 중요하다. 그럼에도 불구하고 일본 지도자들에게는 이 같은 인식과 이해가 크게 부족하고, 그에 대한 위기의식도 전혀 찾아볼 수 없다. 여기에 대해 아사시마 선생은 상당히 절망하고 있는 것 같았다.

선생의 이야기 중, 독일에서 귀국해 요코하마 시립대학에 갔더니 아무것도 갖춰진 게 없었다는 대목은 대단히 많은 것을 시사한다. 돈도 설비도 인력도 없이, 있는 거라고는 자유뿐이었다 했다. 뒤를 봐줘야 할 박사과정 학생도 없고, 학회에서 주목도 받지 못하는, 그래서 오히려 잡음 없이 차분하게 자신의 연구에 몰두할 수 있었다니 놀라울 따름이다. 앞서 50년 동안 전 세계 연구자들이 필사적으로 노력했음에도 불구하고 아무런 성과가 없었던 물질과 그 물질의 작동 메커니즘을 아사시마 선생은 15년을 들여 발견했다. 어떤 면에서 연구란 참 역설적이다.

아사시마 선생은 연구의 성과를 내는 데 중요한 것은 착안점이며 그러기 위해 **연구자에게 필요한 것은 자기 분야에 대한 전문성과 폭넓은 분야에 대한 통찰력(perspective)이라 강조했다.** 그런 통찰력을 가지기 위해서는 교양이 필요하다는 지적도 했다. '교양'이라 하면 사람들은 대부분 고등학교 시절의 철학 과목을 떠올리며 왠지 피하고 싶은 기분을 느낄지도 모른다. 하지만 당시에야 어떠했건 지금은 그렇게 생각해서는 안 된다. 교양은 실익이 없는 단순한 공부가 아니라 현대에 가장 필요한 지적 능력이다. 사이언스 리터러시는 그중에서도 중요한 테마이다.

요코야마 요시노리

융합적 조직을
완성하는
조정력

도쿄대학 고령사회 종합연구기구 특임교수

아키야마 히로코

秋 山 弘 子

노년학

Hiroko Akiyama

아키야마 히로코

도쿄대학 고령사회 종합연구기구 특임교수 / 1968년 도쿄대학 교육학부 졸업, 동 대학원 교육학과 연구과 박사과정 중퇴. 미국 일리노이 대학교(University of illinois) 대학원 박사 (심리학). 미국 국립노화연구소(National Institute on Aging) 연구원(fellow). 미시건 대학교 (University of Michigan) 사회조사연구소(Institute for Social Research) 연구교수. 도쿄대학 대학원 인문사회계 연구과 교수(사회심리학). 일본학술회의 부회장 등을 역임. 2010년부터 사회기술연구개발센터 신규 연구개발 영역「공동체가 창조하는 새로운 고령사회 디자인」영역 총괄 / 전공은 노년학. 고령자 6천 명을 3년마다 추적 연구함으로써 연령 증가에 따른 고령자의 생활 변화에 관한 과학적 데이터를 축적하고 체계적으로 이해하려 노력 중이다. 최근에는 장수사회의 니즈에 대응한 지역조성에 힘쓰며 보다 나은 장수사회를 지향한 연구에 매진하고 있다. / 저서로『신 노년학 3판』(편집 대표),『발달과학 입문』(전 3권. 공편),『2030년 초고령 미래 – 일본을 세계의 중심으로 만드는 노년학』(공저) 등이 있다.

> 세계 최초로 초고령 사회에 돌입한 일본
> 지난 20여 년간 고령자의 건강, 경제, 인간관계의 변화를 추적 조사했고
> 최근에는 장수사회 지역 조성에 매진 중인 연구자가 있다.
> 그는 장수사회의 보다 나은 삶을 위해 어떻게 과제를 설정하고,
> 어떤 해결을 지향하는가?

요코야마 일찍이 인류가 경험한 적 없는 초고령 사회[15]가 일본에 도래했습니다. 의료와 복지뿐 아니라 경제, 산업, 문화 등 광범위한 영역에서 문제가 제기되고 있는데요, 선생님께서는 그 문제들을 해결하기 위해 관련 제 분야를 포괄하는 새로운 학문체계인 '노년학'의 대가이십니다. 노년학은 어떻게 학문으로 자리 잡게 되었습니까?

15] UN의 기준에 따르면 전체 인구 대비 65세 이상 인구(고령자)의 비율이 7% 이상이면 고령화 사회, 14% 이상이면 고령 사회, 25% 이상이면 초고령 사회에 해당한다. 일본의 경우 2013년 인구통계 상 고령자 비율이 25%였다.

아키야마 노년학은 고령자와 고령사회에 관한 문제를 대상으로 하는 학문입니다. 고령자에 관한 연구는 오랫동안 의학과 생물학 등 이른바 '바이오메디컬(Biomedical)' 분야에서 다루었는데, 인간이 나이가 듦에 따라 생리적 기능이 변화하고 생활습관병에 걸리는 데 대한 연구를 중심으로 발달해 왔습니다. 주로 인간의 수명을 어디까지 연장시킬 수 있는지에 관해 모색했지요. 제2차 세계대전 종식 후 1950년의 조사 결과를 보면 당시 일본인의 평균수명은 50세였습니다. 65세 이상 고령자는 전체 인구의 5%에 불과했습니다. 사람은 누구나 오래 살기를 바랍니다. 그런데 그 바람이 아주 빨리 이루어졌지요. 지금은 일본인의 평균 수명이 남성 79.64세, 여성 86.39세[16]로 인생 90세 시대를 맞았습니다.

하지만 수명을 늘리겠다는 당초의 목표가 달성됐다고 해서 모두가 행복하게 오래 살 수 있는가 하면 반드시 그렇지는 않습니다. 거동을 못 하는 환자, 은퇴 후 할 일이 없어 무료하게 긴 여생을 보내는 퇴직자도 있습니다. 이제 인간은 일찍 죽을 걱정은 안 하게 되었지만 오래 살게 된 덕에 온갖 리스크를 떠안게 된 것입니다. 그래서 고령자 연구의 과제는 '수명 연장'에서 고령자의 '생활의 질(Quality of Life=QOL)'을 높이는 방향으로 옮겨 가고 있습니다. 양에서 질로 전환되는 중이라는 얘기지요.

---

16) 후생노동성 발표 2000년도 간이생명표 인용. 참고로 후생노동성의 2014년 발표에 따르면 2013년의 평균 수명이 남성 80.21세, 여성 86.61세로 사상 최초, 세계 최초로 남성의 평균 수명도 80세를 넘었다.

도쿄대 리더육성 수업 · 과제설정의 사고력

이 부분은 일본뿐 아니라 모든 선진국이 직면한 문제입니다. 단순한 수명 연장이 아니라 QOL 증진이 목표가 되었다는 것은 기존의 고령자 연구가 질병과 장애 등 부정적인 측면에 주목했던 것과는 대조적으로 고령기의 가능성, 즉 긍정적인 측면이 빛을 보게 되었다는 의미입니다. 이제 바이오메디컬 분야 하나만으로는 해결 불가능한 문제가 되었다는 뜻이기도 하고 말입니다. 그래서 이제는 여러 분야의 지혜가 필요하게 되었습니다. 의학, 생물학, 사회학, 심리학, 공학 등 기존의 학술 분야가 자기 영역에만 매몰되지 말고 다른 분야와 연계해서 해결하려는 자세가 요구되는 것입니다. 나아가 학술 영역을 넘어서 지자체나 기업, 주민들과 힘을 합쳐 끈질기게 현장의 과제를 해결하려는 새로운 체제와 방법도 요구됩니다. 노년학은 바로 그런 부분을 지향하는 학제적 학문입니다. 아직은 확립되는 과정에 있고요.

일본은 세계에서 가장 일찍 고령사회에 진입했습니다. 그래서 고령자와 고령사회 문제에 대해 더 선진적인 정책을 전개해야 된다고들 합니다. 노년학에 관한 일반적인 이해도 더 확산되어야 할 것 같은데, 어떻게 보십니까?

현재 글로벌 전략을 구사하는 국제기업들이 장수사회에 필요한 상품을 개발할 거점을 일본에 두고 연구소를 활발히 운영하고 있습니다. 시장이 큰 데다가 일본이 뭔가 대책을 강구할 거라고 기대하는 거지요. 예를 들어 정책 면에서는 개호(介護)[17]보험의 선진 성이 인정받고 있어서 한국, 대만 같은 아시아 국가들은 일본의 정책을 본떠 자국의 제도를 만들었습니다.

그런데 학문적으로 볼 때 노년학 분야에서 일본이 가장 앞서 있다고 할 수는 없습니다. 연구자가 많은 것도 아닙니다. 저는 1997년에 도쿄대학에 취임하기까지 25년 동안 미국 대학에서 연구를 했습니다. 미국은 인구의 연령 구성 면에서 훨씬 젊은 나라지만 일본에 비해 노년학 연구자 수가 몇 배나 많고, 수준도 높습니다. 20개 정도 되는 대학에 노년학 석사, 박사 과정이 있지요. 물론 미국에서도 노년학은 아직 학문으로서의 이론과 방법론을 확립하는 과정에 있기 때문에 제가 몸담았던 **미시건 대학교에서는 노년학을 기존의 전문분야와는 별도인 분야융합적 학문으로 설정해 두고 복수전공을 인정해서 T자형[18] 교육을 실시했습니다.** 예를 들어 기계공학에서 박사 학위를 딴 사람이 노년학에서도 학위를 받아 복수 학위를 취득하는 방식입니다. 전문 분야의 첨단 연구 능력에 폭넓은 지식과 과제해결 능력까지 겸비하게 해서 고급 인재들이 고령사회 문제를 해결하는 데 공헌하도록 교육의 목표를 정한 것입니다.

17] 고령자, 환자, 장애인 등 도움이 필요한 사람들을 대상으로 일상생활을 돌보거나 간호하는 행위.

18] 특정 분야에 관한 깊이 있는 연구를 통해 전문지식, 경험, 스킬을 축적한 뒤 그 외의 다른 장르에 관해서도 폭넓은 지견을 겸비하게 하는 교육, 또는 그러한 인재를 설명할 때 쓰는 표현이다. T의 세로축은 전문성, 가로축은 폭넓은 시야를 의미한다.

미국의 상황이 아직은 노년학 박사를 다수 배출한다기보다는 이런 T자형 교육이 주류입니다. 현재로서는 경제학이나 심리학, 공학처럼 서로 다른 기존 분야에서 훈련 받은 사람들이 함께 노년학을 연구하는데, 진정한 의미의 연계와 융합을 거쳤을 때 이 학문의 이론과 방법론이 확립될 것입니다. 따라서 노년학은 전통적인 학문 분야와는 다소 차이가 있는 형태로 발전할 것으로 봅니다.

25년 넘게 미국에서 연구를 해오셨는데 이미 미국에 계실 때부터 일본 전국의 고령자 조사를 실시하셨더군요.

1960년 후반에 학생운동이 한창일 때 도쿄대학을 다녔습니다. 나중에 동창들이 구미 각국으로 유학을 많이 갔는데, 저도 1972년에 미국으로 건너갔습니다. 일본 대학에 실망했기 때문이에요. 일본에서 대학원을 다닐 때 공부를 많이 못했기 때문에 공부에 한번 미쳐보고 싶다는 마음도 있었고요. 학위를 따고 나서도 저희 세대의 대부분은 일본으로 돌아가지 않았습니다. 저나 저희 남편, 동창들이 미국과 유럽 대학에 많이 남았지요. 그런데 1987년부터 일본의 고령자 조사를 하게 되는 바람에 정기적으로 귀국을 하게 되었어요. 당시 구미에서는 인구 고령화의 기초 데이터를 차근차근 축적하고 있었는데, 일본에는 그런 움직임이 없었습니다. 수천 명을 대상으로 하는 조사에는 상당한 비용이 들어요. 그때 구미 각국의 경우는 주로 대학의 연구소가 데이터를 수집했고 비용은 국가가

댔습니다. 그런데 일본은 그런 조사에 비용을 부담하지 않더라고요. 할 수 없이 미국 정부의 과학연구 지원기관에 신청을 했습니다. 그랬더니 첫 회 조사 비용을 전액 지원해 주겠다고 하더군요. 자국뿐 아니라 전 세계 인구의 고령화를 염두에 두고 글로벌한 연구전략을 세우고 있었던 겁니다. 경제대국인 일본에 대해 조사를 하는데 미국인의 세금을 받아야 한다는 사실에 열등감을 느꼈던 기억이 납니다.

그때부터 지금까지 추적 조사를 하고 있습니다. 전국의 주민기본대장에서 무작위로 추출한 60세 이상 고령자 약 6천 명을 대상으로 1987년 이후 3년마다 실시하는 방식입니다. 두 번째 조사부터는 후생성(현재의 후생노동성)에서 조사비의 반액을 지원 받았고, 그 다음부터는 일본과 미국 정부에서 반반씩 부담하는 조건으로 조사를 진행 중입니다. 2012년 가을에 여덟 번째 조사를 할 예정입니다. (인터뷰가 진행된 시점은 2012년 초)

1997년에 도쿄대학에 부임하셨는데 어떤 계기로 돌아올 결심을 하셨습니까?

저는 일본에 정나미가 떨어져서 미국으로 갔던 사람입니다. 그런데 밖에서 본 일본은 생각만큼 나쁜 나라가 아니었어요. 일본에는 없는 미국의 단점도 많이 보였고요. 특히 경제적 격차와 그로 인한 사회 불안은 상상 이상이었습니다. 어쨌든 당시 일본인의 평균 수명은 놀랄 만한 속도로 늘고 있었습니다. 최근 '국가별 무슨, 무슨

도쿄대 리더육성 수업 · 과제설정의 사고력

만족도 조사'라는 것이 국제적으로 주목을 받는 분위기인데, 일단 평균 수명과 평균 수명의 신장 속도는 그 나라의 건전성을 평가할 수 있는 좋은 지표가 됩니다. 일본 사회에서 평균 수명이 어떻게 해서 늘어났는지를 살펴보면, 고령자가 느는 동시에 출산율이 극도로 떨어짐으로써 전체 인구 중 고령자 비율이 높아지는 형태로 인구의 고령화가 진행되고 있습니다. 그런데도 노년학을 연구하는 대학은 없었습니다. 그에 비해 미국에서는 노년학 연구와 교육이 급속히 진전되고 있었지요.

몇 번째인지 기억은 안 나는데, 전국조사 때문에 귀국했을 때 도쿄대학에서 사회심리학 비상근 강사 의뢰를 받았습니다. 그래서 조사방법론을 가르치게 됐습니다. 한 달 동안 집중 강의를 마치고 미국으로 갈 짐을 싸는데 이번에는 상근으로 오지 않겠냐는 제안을 받았습니다. 저는 그때까지만 해도 일본에 돌아올 생각이 없었어요. 남편과 아이들도 미국에 있었고, 당시 재직하던 미시건 대학교의 연구 환경이 대단히 훌륭했으니까요. 하지만 생각 끝에 돌아오기로 결심을 했지요. 세계 최장수국인 일본에 노년학이 자리를 잡지 못하고 있다는 게 마음에 걸렸거든요. 일본에는 노년학 연구자를 양성하는 대학이 없었습니다. 일본에서 그 교육을 한다면 도쿄대학에서 시작하는 것이 제일 좋겠다는 판단도 했는데, 사실은 도쿄대학에 여자 교원이 극히 적다는 점도 작용했습니다. 사회심리학 연구실 같은 경우 학부 학생은 남녀 반반 정도고, 대학원생은 여자가 더 많았어요. 그런데 여자 교원은 한 명도 없었습니다. 그러니 제가 수락한 데에는 후배 여성 연구자들에게 길을 터줄 수 있으면 좋겠다는 바람도 한몫했던 것이지요.

실제로 도쿄대학에서 노년학 과정을 개설하기까지는 어려움도 있었을 것 같은데, 제대로 형식을 갖춰서 개설한 시기는 언제입니까?

1997년에 귀국하고 나서 저는 사회심리학 연구실에서 연구와 교육을 맡았습니다. 학제적 분야인 노년학을 제대로 개설하겠다는 생각은 계속 하고 있었습니다. 그런데 예산도 그렇고, 교원도 그렇고, 문부과학성은 특정 분야를 중심으로 배분을 하기 때문에 분야융합적 조직을 새로 만들기가 대단히 어려웠어요. 그랬는데 2004년에 대학이 법인화된 이후로 분위기가 바뀌기 시작했습니다. 대학 집행부에 어느 정도의 재량권이 부여됐고, 당시 고미야마 히로시(小宮山宏) 총장의 강한 리더십에 힘입어서 2006년에 고령사회 종합연구기구의 전신인 노년학 기부연구부문이라는 총장실 직할 분야융합조직이 탄생했습니다. 기업의 기부를 받아 신설된 조직이었어요. 3년간의 기부연구부문이 종료된 뒤에는 노년학 연구와 교육의 필요성을 인정받아서 2009년에 상시 조직인 고령사회 종합연구기구가 설립되었습니다.

최근에는 초고령 사회가 직면한 과제를 해결하기 위해 구체적인 대책을 고안하고 이를 실천하는 지역 조성에 힘을 쏟고 계신다고

도쿄대 리더육성 수업 · 과제설정의 사고력

들었습니다. 학문의 울타리를 넘어서 지자체 및 주민들과 공동으로 진행하는 작업이라고 들었는데요, 그 프로젝트는 어떻게 시작하게 되셨습니까?

일본에서는 오랫동안 인생 50, 인생 60이라는 표현을 썼습니다. 그런 표현을 쓰던 시대의 인구구조는 젊은이의 숫자가 많고 나이 든 사람이 적은 피라미드형이었고, 거기에 맞게 사회 인프라가 조성되었지요. 현재의 도시계획, 주택, 교통수단 같은 하드 인프라와 의료 및 복지, 교육제도 같은 소프트 인프라는 모두 피라미드형 인구구조에 맞추어 설계된 것입니다.

그런데 2030년에는 일본 인구의 3분의 1을 고령자가 차지하게 됩니다. 게다가 75세 이상 인구가 전체의 20%에 달하고 고령자의 40%는 1인 가구일 거라고 예측됩니다. 현재의 인프라가 기능부전에 빠질 것이 불을 보듯 뻔하다는 얘깁니다. 재정비를 서둘러야 하는 상황이지요. 가능한 한 빨리 움직여야 하는데, 학술분야에 분야 간 칸막이가 존재해서는 제대로 대응할 수 없습니다. 그런데 도쿄대학은 종합대학이고 학부가 열 개나 되기 때문에 그들의 지성을 결집한다면 가능하겠다는 판단이 섰습니다. 다만 어떻게 접근해야 좋을지가 걱정이었어요. **지금까지 함께 일한 적이 거의 없고, 사고방식도 경험도 전혀 다른 사람들이 같이 머리를 맞대려면 동일한 실험 대상에 대해 공통의 과제를 해결하게 해야 되겠다는 생각이 들었습니다.** 그래서 수도권과 지방에서 극히 평균적인 공동체를 하나씩 골라서 그 공동체가 안고 있는 과제를 도출하고 해결해 보는 프로젝트를 시작했습니다. 그것이 지바(千葉)현 가시와(柏)시와 후쿠이(福井)현 후쿠이(福井)시입니다. 우리는 2009년부터 이 두 공동체에서 장수사회 지역 조성과 관련한 사회실험을 진행하고 있습니다. 동일본 대지진 이후에는 이와테(岩手)현의 오쓰치(大槌)시와 가마이시(釜石)시의 복구에도 힘쓰고 있습니다.

지역 조성이라는 사회실험에는 경제학, 의학, 공학, 행정학, 심리학, 교육학 등의 연구자들이 함께 참가합니다. 처음에 사회과학 계열과 공학 계열 인원들이 모여서 논의를 했는데 신선한 자극이 많았어요. 2030년 사회에 대응할 수 있는 지역을 만들자는 논의를 할 때였습니다. 어려운 문제들이 여럿 등장했는데, 그때마다 공학 계열 사람들은 '아, 그건 쉬워요'라는 이야기를 하더라고요. 예를 들어 도시에서 인간관계가 약화되는 문제나 원격지에 사는 고령자의 의료문제를 던져 주면 무조건 '쉬워요. IT로 해결하면 되니까'라는 겁니다. 그들이 내놓는 방법은 대개가 테크놀로지를 이용한 해법이었어요. 항상 그렇게 해결해 왔고요. 그런데 저희 사회과학 계열 사람들은 정보공학적으로 만들어진 IT기기를 고령자들이 잘 활용할 수 있다는 보장이 없다는 생각을 하기 때문에 논의가 개인의 가치관이나 사회제도 문제로 발전합니다. 그러다 보면 이도 저도 아닌 철학 쪽으로 이야기가 흐르기도 하지요. 공학 계열 사람들은 문제를 안고 있는 당사자의 관점에서 과제에 접근하는 저희 사회과학 계열의 발상이 아주 신선했다고 합니다. 반대로 사회과학 계열 사람들이 보기에는 공학 계열의 발상이 대단히 신선했어요. 양쪽 모두 그런 느낌을 받았다는 데 의의가 있겠지요. 처음에는 같은 어휘를 사용하더라도 분야에 따라 그 의미가 다르기도 했고, 뭐랄까 모두가 허공에 대고 자기 분야의 중요성을 주장하는 느낌이 들었습니다. 하지만 다른 분야 사람들의 의견을 들으면서 의식이 전환되기도 하고, 유용한 정보를 얻을 수 있다는 것을 깨닫게 되었습니다. 예를 들어 고령자를 위한 휴대전화 개발자가 75세 이상 고령자 100명에게 테스트를 해보고 싶다고 해요. 공학부에서 그렇게 많은 고령자를 찾기는 어렵지요. 그러면 고령자를 대상으로 사회교육 과정을 진행 중인 교육학 관계자가 '제가 도울게요. 말씀만 하세요'라는 이야기를 합니다. 그뿐인가요? '이런 문헌이 있다, 이런 간단한 평가 척도가 있다'는 등 정보가 막 쏟아져요. 전공 분야를 벗어나면 때로는 박사들도 학부생 수준의 질문을 하게 됩니다. 그러면 서로 가르쳐 주면서 서서히 논의를 진행하지요. 그러면서 서로 지원해 가는 협력 관계가 생기게 되더군요.

경제학자 슘페터(Joseph Schumpeter)[19]는 '혁신이란 새로운 결합이다'라고 말했습니다. 타 분야와의 결합 속에서 새로운 것이 탄생

---

19) 1883~1950. 오스트리아의 경제학자. 기업가의 혁신이 경제 발전의 원인이라고 주장했다. 저서로 『경제 발전의 이론(Theorie der wirtschaftlichen Entwicklung)』, 『경제 분석의 역사(History of economic analysis)』 등이 있다.

한다는 말인데, 쉽게 말하면 '이치고 다이후쿠'[20] 같은 거겠지요? 후쿠이시 프로젝트는 장수사회 지역 조성이라는 뚜렷한 지향점이 있었는데, 의미 있는 시사점을 얻으셨는지요?

후쿠이에 처음 가서 현청(縣廳)을 방문했을 때 직원 대부분이 장남이라는 사실을 알게 되었습니다. 집안을 이을 아들이라 다들 귀하게 컸다고 하더군요. 논밭도 있고 하니 퇴직 후에는 농사를 지으면서 손자를 돌보겠다는 정해진 인생 경로가 있었습니다. 그분들 말로는 '일본에서 제일 좋은 동네는 후쿠이'였어요. 그럼 그분들의 부인들은 어떻게 생각하느냐? 퇴직 후 생활에 대한 기대가 반드시 남편과 일치하지는 않았습니다. 무슨 이야기인가 하면, 후쿠이현은 맞벌이 가구가 일본에서 제일 많습니다. 대부분의 여성들이 평생 일과 가사와 육아를 병행해야 하는 상황이었지요. 그러다 보니 육아도 끝나고 연금 수입도 들어오는 퇴직 후에는 자신이 하고 싶은 일을 하겠다는 바람을 가지고 있는 겁니다. 하지만 삼대가 모여 사는 가족이 일반적인 후쿠이에서는 여성이 퇴직을 하고 나도 손자 돌보기, 가사, 밭일까지 도맡아야 하는 상황이 펼쳐지는 거예요. 그렇게 일만 하다가 몸이 쇠해서 집안일도 못하게 되고 손자 보기도 버거워지면 특별요양노인홈[21]으로 보내질 것이 뻔하고 말입니다. 그

20] '이치고'는 '딸기', '다이후쿠(大福)'는 '팥소가 든 찹쌀떡'을 뜻하는 일본어다. 팥소 중앙에 딸기가 든 떡의 형태로 1980년대에 등장했다. 한국에서는 '딸기 모찌'라는 이름으로 판매된다.

21] 상시 수발이 필요한 65세 이상 고령자이면서 거동을 못하거나, 치매 등을 앓고 있어서 자

러다 보니 기존의 인생 경로에 부인들은 적잖이 불만을 품고 있습니다. 후쿠이 같은 지방형 공동체에서는 일본의 베이비붐 세대인 단카이(團塊) 세대[22]에 해당하는 여성들부터 변화가 일어날 것 같습니다.

그래도 현재 80대, 90대인 여성들은 기존 관습에 따라서 삶을 마무리하고 싶어 하는 사람이 대부분입니다. 역세권 아파트에 사는 편이 편리하고 쾌적하다고 조언을 해도 조상에게 물려받은 제 집을 떠나려 하지를 않지요. 몇백 년이나 된 집도 많은데, 설사 낡고 오래된 집에 덩그러니 남게 되더라도 집과 묘를 지켜야 한다는 생각이 강한 세대니까요. 문턱을 없애서 걸려 넘어질 염려도 없고, 바닥에 난방도 들어오고, 겨울철에는 집 앞의 눈을 치워야 하는 불편 따위 없는 생활이 보장된다 해도 지금의 80, 90대에게는 그 편안한 세계가 자신과는 무관하게 느껴진다는 겁니다.

후쿠이 시 같은 광역 공동체의 경우, 의료나 공공 서비스를 효율적

택에서는 적절히 보살필 수 없는 이들을 위한 시설. 법률로 정한 개호보험 제도에 따라 입소자가 정해진다.

22] 1947년~1949년에 태어난 일본의 베이비붐 세대. 출생자 수만 해도 806만 명에 이를 만큼 인구구성 면에서 큰 비율을 차지하기 때문에 '덩어리'라는 의미를 가진 단어인 단괴(團塊, 일본어 발음 '단카이')를 써서 단카이 세대라 부른다. 제2차 세계대전 직후에 태어나 일본의 고도성장과 거품 경기, 잃어버린 20년을 경험한 세대로 숫자가 많은 만큼 일본 사회에 지대한 영향을 미친다.

으로 제공하기 위해 콤팩트시티(Compact City)[23] 개념을 도입해야 한다는 의견이 있습니다. 그런데 그 개념이 성공하기 어려운 이유는 80, 90대 고령자의 의식을 바꾸고 마음을 움직이기가 어렵기 때문입니다. 그래도 그 아래 세대들은 생각이 좀 다르겠지요?

80, 90세가 되고 나서 '이렇게 오래 살 줄 알았으면 돈을 더 아낄 걸 그랬다', '건강관리를 더 잘할 걸 그랬다'는 후회를 한들 만시지탄입니다. 그런데 단카이 세대는 부모 세대가 그렇게 늙어 가는 모습을 지켜본 세대입니다. 부모 세대는 그들 부모의 수발을 직접 든 경험이 있기 때문에 자식들이 챙겨줄 거라 기대할 수도 있지만, 단카이 세대는 애당초 그런 기대를 하지 않습니다. 또 허리띠를 졸라매고 모은 부를 자식들에게 물려줄 생각도 없습니다. 그보다는 자립해서 안심하고 쾌적하게 생활할 수 있도록 그 돈을 자신을 위해 씁니다. 예를 들면 노후를 대비해서 편안한 곳으로 일찍 거처를 옮기는 겁니다.

그렇게 단카이 세대를 기점으로 고령자의 가치관과 라이프스타일에 커다란 전환이 일어날 겁니다. 과거에는 단카이 세대가 은퇴하면 홈시어터가 잘 팔릴 거라느니, 세계 일주 크루즈 여행상품

23] 도시 중심부에 주거를 비롯한 사무, 쇼핑, 문화 등 도시 기능을 집중시킴으로써 시가지 활성화와 행정 비용 감축, 시민의 편의 향상 같은 효과를 동시에 얻을 수 있는 도시 형태를 말한다. 도시 외곽에 베드타운을 형성시키던 과거의 도시 형태와 비교되는 개념으로 많이 제안된다.

이 잘 팔릴 거라느니 하는 예측이 난무했습니다. 거대한 실버 시장을 노린 마케팅 리서치 회사들은 그런 예측에 따라 온갖 상품 아이디어를 냈지요. 하지만 실제로 단카이 세대가 은퇴하더라도 그런 꿈 같은 상품이 막 팔리지는 않을 겁니다. 부모 세대가 늙어가는 모습을 보면서 자신들의 고령기에 대해 견실한 생각을 하게 되었을 테니까요. 그들의 목표는 부유한 생활이 아닙니다. 90세까지 어떻게 안심하고 쾌적한 생활을 할지 계획을 짜는 과정에서 어느 정도 돈을 들여도 좋다는 생각을 하는 것뿐이랍니다.

아까 말씀 드린 후쿠이의 남녀 간 사고방식의 차이를 보면 아무래도 남성보다는 여성이 더 계획적이지 않나 싶습니다.

맞습니다. 여성들은 '나는 나, 너는 너'라는 식으로 자식들의 생활과는 분명한 선을 긋고 생각하지요. 편리하고 쾌적하다는 이유로 아파트로 이사를 가는 사례를 봐도 여성이 주도권을 쥐고 추진하는 경우가 많은 것 같아요. 실제로 옮겨 보면 문턱 많은 낡은 집에서 삼대가 함께 살며 생활하던 때와 상당히 다릅니다. 남성은 원래 불편한 게 없었으니까 보수적입니다. 앞날을 내다보고 시원시원하게 행동하는 쪽은 여성이지요.

후쿠이는 그곳에서 태어나 자란 토박이가 많이 사는 지역이지만, 지바현 가시와시는 일본 경제의 고도 성장기에 지방에서 온 젊은

이들이 정착한 공동체 지역이지 않습니까? 가시와시의 프로젝트에는 어떤 특징이 있습니까?

가시와시에 어떤 과제가 있는지 도출하는 작업에 착수했을 때, 실제 작업보다는 작업을 하기 위한 체제를 만드는 데 예상 외로 시간이 걸렸습니다. 행정 쪽도 '칸막이 행정' 때문에 좀처럼 진전이 없었고요. 지역 조성을 하려면 지자체와 담판 지을 일이 여럿 생깁니다. 당초에는 교통과로 가라, 농정과로 가라, 무슨 과로 가라 하기에 각 담당 과와 협상을 했는데 서로 연계가 없다 보니까 한 과에서는 통과된 일이 다른 과에서는 통과가 안 돼서 처음으로 되돌아가는 일도 적지 않았습니다. 공통의 목표를 향해서 필요한 각 과가 참가하는 융합적인 조직을 만드는 데에만 1년 이상 걸렸어요. 원래 후쿠이는 기존 제도와 관습을 지키려는 분위기가 있기 때문에 시스템을 만드는 데 시간이 걸릴 거라는 예상을 했습니다. 그에 비해 가시와시는 조금 더 속도감 있게 갈 수 있을 것으로 기대했는데 거기서도 마찬가지로 칸막이 행정의 벽에 가로막혔던 거지요. 그래도 일단 융합적인 조직이 생기고 나니까 그 뒤로는 다양한 안건들이 술술 풀리더군요. 사람들의 의식이 변한 거예요. 관공서 사람들이 연계를 하더라고요. 부서 간 소통이 없는 꽉 막힌 조직에 그런 융합적인 팀을 만들려면 조직 내에서 중심인물을 찾아내는 게 제일 중요합니다. 어떤 지역을 만들고 싶은지에 대한 꿈을 우리와 공유할 수 있는 사람, 신념과 열정을 가지고 하나하나 조직의 벽을 극복하면서 팀을 꾸릴 수 있는 사람 말입니다. 그렇게만 되면 수많은 불가능이 가능으로 바뀌거든요.

관공서뿐만 아니라 우리 대학 쪽도 마찬가지예요. 제가 오래 몸담았던 미시건 대학교에서도 분야융합적인 조직이 생길 무렵에 우여곡절이 많았어요. 저는 신출내기 교원 입장에서 상부의 움직임을 관찰했지요. 고령사회에서는 의료의 역할이 크다고 해서 의학부 교수가 리더십을 발휘하면 공학부나 경제학부는 안 따라갑니다. 그래서 도시공학적 관점에서 공학부 교수가 진두지휘를 하면 이번에는 의학부 사람들이 반발을 해요. 그렇게 자아가 강한 사람들이 부딪히면 쉽게 결론이 안 납니다. 도쿄대학에서도 내부에 분야융합적 조직을 만들기 위해 많은 장애물을 넘어야 했습니다. 하지만 저희는 갈등 없이 같은 목표 하에 결속할 수 있었어요. 무엇보다 저라는 사람이 각각의 분야들과 크게 연결고리가 없는 사회심리학을 전공해서 서로 부딪힐 거리도 없었고, 여성이라는 점도 십분 활용해 조정자 역할을 했던 것이 주효했던 것 같아요. **분야융합적 조직을 만들려면 카리스마나 강한 리더십보다 서로 다른 분야의 강점을 잘 도출해서 이어 주는 조정 능력이 필요한 것 같습니다.**

노년학은 학술 연구적인 분야와 지역 조성 같은 실제적 분야를 넘나드는 특성이 있군요. 초고령 사회에서 우리가 꼭 해결해야 할 문제는 무엇이라고 보십니까?

초고령 사회를 살아가는 우리에게는 크게 두 가지 과제가 있다고 생각합니다. 하나는 90년이나 되는 인생을 어떻게 설계하고 어떻게 살아야 하는지에 관한 개인적 과제이고, 또 하나는 인구 고령화에 따른 사회 인프라의 재정비 같은 사회적 과제입니다.

먼저 개인적 과제에 관해서 이야기하자면, 일본의 경우 예로부터 '인생 50세'라는 표현을 써왔는데 이제는 인생 90세 시대가 됐습니다. 인생이 두 배 정도로 길어진 겁니다. 인생이 50년일 때와 90년일 때는 당연히 삶 자체가 달라집니다. 그런데 우리는 '인생 90세' 시대에 맞게 살지 못하고 '인생 50년' 시대의 삶의 방식대로 살고 있습니다. '인생 90세'란 말에는 단순히 인생이 길어졌다는 의미만 들어 있는 것이 아닙니다. 인생을 스스로 설계할 자유가 커졌다는 뜻이에요. 예전처럼 졸업, 취직, 결혼, 자녀 출산 순으로 가정과 직장을 오가다가 60세에 정년퇴직할 때까지 같은 회사에서 일하는 획일적인 인생 모델은 이미 사회규범으로서 효력을 잃었습니다. 옛날에야 그렇게 순서대로 착착 밟아가는 인생이 삶의 목표였겠지만, 지금은 다양한 인생설계(life design)가 가능한 시대가 되었습니다. 특히 인생 후반기에 관해 다양한 설계를 할 수 있습니다. 어떤 식으로 새롭게 인생설계를 할 것인지가 바로 우리 한 사람, 한 사람에게 주어진 과제예요.

다음은 사회적 과제인데, 인생이 90년이면 전혀 다른 두 가지 직업을 가질 수도 있겠지요? 한 가지 직업을 끝내고 나서, 인생 중반에 이르렀을 때 다음 커리어를 위해 학교에 다시 들어가는 인

도쿄대 리더육성 수업 · 과제설정의 사고력

생설계도 있을 수 있다는 얘깁니다. 하지만 지금처럼 어린 학생들만 들어올 것으로 생각해서 만들어진 교육제도 하에서는 제2, 제3의 커리어를 형성하기가 어렵습니다. 그러니 다양한 인생설계가 가능한 사회 인프라를 만들어야 합니다. 앞에서도 말씀드렸다시피, 우리 사회는 젊은이가 많고 고령자가 적었던 피라미드형 인구구조를 토대로 만들어진 시스템을 그대로 유지하고 있기 때문에 장수사회의 니즈에 적절하게 대응하기 어렵습니다. 생활 속 예를 들면 이렇습니다. 지금 우리가 사용하는 교통신호는 1미터를 1초로 걷는 사람을 기준으로 만들어졌거든요. 그런데 그 속도로 걸을 수 없는 사람이 급격히 늘고 있어요. 횡단보도 한가운데서 오도 가도 못하는 고령자가 얼마나 많습니까? 의료도 마찬가지예요. 직접 운전을 하거나 전철, 버스를 타고 병원에 가는 상황이 지금으로서는 기본 전제란 말입니다. 그런데 머지않아 그렇게 할 수 없는 사람들이 급격히 늘어나게 됩니다. 그렇다면 자기 집에서 의료 서비스를 받을 수 있게 인프라를 만들어야 안심할 수 있지 않겠어요? 이처럼 사회 인프라가 안고 있는 문제점들을 하나하나 개선해서 지역을 새로 만들어야 하는데, 그러려면 노년학처럼 의학, 도시공학, 교육학이 합쳐진 학제적인 접근이 필요한 거지요.

90년이라는 기간 내내 어떻게 사회와 지속적으로 관계를 맺을 것인지도 중요한 문제겠네요. 사회참여의 가장 좋은 방법은 '노동'입니다. 저는 머지않아 정년제가 사라질 거라고 보는데, 선생님 생각은 어떻습니까?

지금 당장 정년제를 폐기하기는 어렵지만 서서히 탄력적인 고용, 근로제로 바꾸어 가야 되겠지요. 통계적으로 봐도 일본인의 80%가 대략 75세까지는 건강합니다. 그런 사람들은 일을 하는 경우가 많습니다. 일본인들은 대부분 일할 수 있을 때까지 일하겠다고 하거든요. 그런데 만원 전철로 출근해서 풀타임으로 일하겠다는 이야기는 아닙니다. 인생 후반은 마라톤 후반전처럼 건강이나 경제적 측면에서 변동이 많기 때문에 스스로 시간을 정해서 일할 수 있는 탄력적인 노동 시스템이 필요합니다. 가시와시의 지역 조성은 바로 그 문제를 공동체를 통해 실현하려고 합니다. 기업의 노력도 절실히 필요합니다. 예를 들면 지역과 기업이 나서서 고령자의 일자리를 만들고, 고령자들은 거기서 일을 해서 세금을 내고 소비를 하는 방식이 있겠지요. 나이와 상관없이 수입이 있으면 소비는 하게 되어 있습니다.

제가 미국에 오래 있으면서 보니까 조기 퇴직을 희망하는 사람이 많았습니다. 기독교의 영향 때문인지 기본적으로 노동은 고역이라고 생각하거든요. 그러니까 그 사람들은 가급적 일찍 노동에서 벗어나고 싶어 합니다. 그런데 일본의 고령자들은 대부분 일할 수 있을 때까지 최대한 일을 하고 싶어 해요. 경제적인 이유가 있기는 하지만 '남에게 도움이 되고 싶다'는 생각이 크고, 그것이 삶의 보람으로 연결되기 때문이지요. 양국의 가치관 차이는 고령사회의 모습에도 크게 영향을 미칠 겁니다. 나이가 들어도 계속 일을 하겠다는 일본 사람의 노동관은 지속 가능한 고령사회를 만드는 데 커다란 자원이 될 거라고 봅니다.

그런 일본인의 가치관이 현재 일본 사회에는 제대로 반영되지 않고 있군요. 그런데 고령자가 일을 하게 되면 그들이 일하기 좋은 환경을 만들기 위한 비즈니스도 탄생하겠지요? '사흘 일하고 나흘 쉬는 노동환경을 만들려면 무엇이 필요할까?'를 생각하는 과정에서 새로운 비즈니스의 가능성도 많이 발견할 수 있을 것 같은데요.

고령자들에게 일자리를 만들어 주자고 하면, '그러다가 젊은 이들의 일자리가 사라지는 것 아니냐?'는 반응부터 보이는 사람들이 많습니다. 하지만 거시경제학 전문가들은 고령자를 위한 고용 창출이 반드시 청년 고용을 가로막지는 않는다고 이야기한다는 점을 우선 강조하고 싶습니다. 고용 창출과 관련한 또 하나의 문제는 현재 고령자를 위한 일자리가 지극히 한정적이라는 점입니다.

그래서 도쿄의 전형적인 베드타운이자 향후 수많은 단카이 세대가 은퇴 후 하루 종일 지내게 될 가시와시에서는 제2의 인생(Second Life)을 위한 일자리로서 여덟 가지 사업을 구상 중입니다. 지역에 흩어져 있는 휴경지를 활용해 채소 농원 만들기, 대규

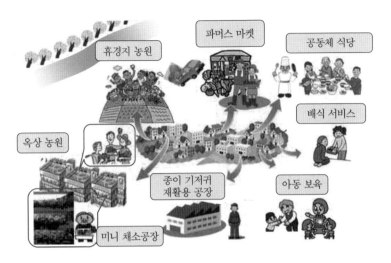

제2의 인생을 위한 일자리

모 단지의 옥상에 옥상 농원 만들기, 빈집[24]은 미니 채소공장으로 전환하고 거기서 수확한 채소와 과일을 파는 파머스 마켓(Farmer's Market) 열기, 그 식재료를 이용한 공동체 식당 꾸리기, 배식 서비스 등이 포함됩니다. 그 외에 질 좋은 학동(學童) 보육시설을 만들어 아이들 교육 관련 사업도 진행하고, 종이 기저귀 재활용 공장도 계획 중입니다.

휴경지 농원, 옥상농원, 채소공장과 관련해서는 친고령자적

24] 일본의 경우 '빈집 증가'가 심각한 사회문제다. 2013년도 10월 시점의 전국 빈집 비율은 13.5%에 이른다. 신축주택의 증가, 고령자 증가, 폐가 처리 지연 등으로 인해 빈집은 증가 추세를 보이는데 2040년에는 무려 36%에 달할 것으로 예측된다.

농법을 개발하려는 움직임이 나타나고 있습니다. 농법뿐 아니라 나이가 들어서도 멋지게 일하고 싶다는 니즈에 대응하기 위해 패션이나 농기구 개발 쪽에서도 새로운 비즈니스의 가능성이 커지고 있고요.

　　은퇴 후 집에서 하루 종일 TV만 보다가 가끔 산책이나 다니던 사람들이 흙을 만지고 햇볕에 그을려 가며 농사를 지으면 신체 기능이나 인지 기능에 변화가 나타납니다. 지역사회에 아는 사람이 없어 고독했던 사람에게는 친구도 생기지요. 일을 해서 수입이 생기면 친구와 가볍게 한잔 마시러 다닐 수도 있고 여행을 다닐 수도 있으니 생활에 활력이 생깁니다. 그런 노동의 효과를 과학적으로 측정 중입니다. 또 옥상농원의 경우, 주거 장소와 노동 장소가 가깝다는 장점도 있지만 최근 유행하는 화분 재배 방식을 이용하면 휠체어를 타신 분들도 농사일을 할 수가 있어서 좋습니다. 그렇게 되면 건강한 시니어뿐만 아니라 몸이 약한 사람도 짧은 시간 일을 할 수 있겠지요? 결론적으로는 일주일에 몇 시간만이라도 집에서 나와 다른 사람들과 함께 활동할 수 있는 지역을 조성하려는 계획입니다. 이런 식의 사업이 안정적으로 사람들을 고용하고, 채산성 면에서도 지속 가능한 경영을 하기란 절대 쉬운 일이 아닙니다. 지금은 대학이 연구 작업으로 아이디어를 내고 사업 시작도 지원하지만, 2년 후가 되면 대학은 뒤로 물러나서 다음 프로젝트를 진행할 거예요. 그때는 자립적으로 사업이 돌아가야겠지요. 그러기 위해서 지금 다양한 토대를 만들고 있습니다.

대학이 더 장기적으로 간여해도 좋지 않을까요? 인생 90세 시대에 무엇이 필요하고 사회의 어떤 부분을 개선해야 하는지에 관한 문제는 앞으로 더 많은 연구와 실증실험을 필요로 하니 말입니다. 해외에서는 대부분 정부 쪽 싱크탱크가 그 일을 맡는데, 아쉽게도 일본은 그렇지 못합니다. 그러니 그런 작업을 대신할 수 있는 데가 대학밖에 없지 않습니까? 저는 사회변혁을 선도하는 역할을 대학이 더 많이 담당해야 한다고 보는데 어떠신지요?

네, 저도 대학이 그런 역할을 수행해야 한다는 생각을 하지만, 한 가지 프로젝트에 영구적으로 개입하기보다 신규 프로젝트를 진행해야 연구비를 딸 수 있다는 사정도 있답니다. 그래서 가시와시의 프로젝트도 일단 5년 안에 틀을 잡아 놓으려고 하는 거예요. 또 하나 생각해야 하는 부분이 있습니다. 일본은 NPO(비영리단체)의 평균 수명이 3년 정도라고 하거든요. 그렇게 짧다 보니까 활발하게 움직이던 리더가 그 자리를 떠나면 신규 사업이 통째로 허사가 되는 일이 종종 있습니다. 그래서 안정적으로 프로젝트를 진행하기 위해 이번에는 여덟 가지 사업 모두에 대기업과 전문가를 참가 시켰습니다. 기업은 채산성을 배제할 수 없기 때문에 참여하게 되면 아주 진지하게 달려듭니다. 또 장수사회의 비즈니스 모델을 대학과 함께 실험한 다음, 업계의 다른 기업보다 한발 앞서려고 호시탐탐 성과를 올릴 기회도 엿보지요. 그런 적극적인 자세를 보이는 곳과 손을 잡는 것도 지역 조성에는 아주 중요합니다.

대학이 뒤로 물러난 후에도 공동체가 사업적으로 잘 굴러가게 하려면 어떻게 해야 할지에 관해 프로젝트를 시작하기 전에 여러 가지 논의가 있었습니다. 행정기관의 어느 선과 손을 잡아야 제일 좋을지 모색했지요. 정부하고 손을 잡을 수도 있고 광역 지자체하고도 손을 잡을 수 있었지만, 결국 사람들의 생활 속에 뿌리를 내려야 하는 프로젝트니까 시나 구를 구성하는 동네 하나하나를 단위로 삼아야 한다는 답을 얻었습니다. 그러나 그 무엇보다 중요한 것은 고령자의 참여입니다. 고령자의 사회참여 없이는 지속 가능한 장수사회 공동체를 만들 수 없습니다.

미국에도 고령사회에 대응하는 시범 사업은 많이 있습니다. 하지만 결과가 좋아도 사업 대상 지역이 주(州) 이상으로 확대되지는 않습니다. 미국은 주 단위의 자치 성격이 강하기 때문에 애당초 확산될 수 없는 시스템이지요. 지자체 공무원에게 여러 가지 비판을 하기도 하지만 그런 점에서 일본은 다들 훌륭한 인력이고 중앙 관청의 지시가 전국 방방곡곡으로 다 확산되는 장점이 있습니다. 그렇기 때문에 평균적인 동네에서 범용성 높은 뛰어난 모델을 만드는 일에 큰 의미가 있습니다.

다른 나라들과 비교할 때 일본이 노년학이라는 학문에서 출발은 늦었지만 실천적인 부분에서는 급속한 진전을 이루고 있습니다. 앞으로 노년학은 학문 체계로서 어떤 방향으로 나가야 할까요?

현재 독자적 학문으로서의 노년학에 관해 국제적으로 아주 뜨거운 논쟁이 벌어지고 있습니다. 미국의 경우 노년학 관련 학회가 여럿 있고요, 교육제도도 탄탄합니다. 노년학에 특화된 정부 산하 연구지원기관도 있습니다. 그래도 노년학 교육에 관한 의견이 분분한 것이 현실이고, 그에 관한 논문도 여럿 나와 있습니다. 학제적 학문이라는 이유도 있겠지만 독자적인 방법론이 아직 확립되지 못했다는 점이 가장 큰 문제지요.

일본의 노년학도 아직 제대로 자리 잡지 못한 상황입니다. 그래도 연구를 통해 현실 사회를 바꾸고자 한다면 현실 사회를 실험 대상으로 삼는 '액션 리서치(action research)[25]'라는 접근법이 적합할 거라고 봅니다. **현장의 과제를 해결할 수 있는 가설을 세우고, 개입실험을 하고, 평가를 하는 액션 리서치는 앞으로 더 중요해질 겁니다.** 우리는 사회실험을 통해 개입함으로써 개인의 생활의 질(QOL)과 공동체의 질이 어떻게 변했는지를 과학적으로 평가해서 지견을 쌓고 있습니다. 경제적인 평가도 합니다. 지역 조성에 얼마의 돈이 들고 몇 명의 고령자에게 일자리를 제공할 수 있을지를 포함해서 세수와 의료비의 변화, 지역경제 활성화 등의 지표도 개발할 필요가 있습니다. 지금은 액션 리서치가 연구 방법으로서 미완성 상태라 할 수 있지만, 앞으로는 노년학 방법론의 핵심이 될 겁니다.

25] 집단역학(group dynamics) 이론을 응용해 사회생활을 구체적으로 개선하려는 이론이나 기술을 개발하는 방법

그런 의미에서 다양한 방식으로 사회실험을 반복해서 학문적 방법론을 확립해야 합니다.

서로 다른 두 공동체에서 실험을 하는 방식은 노년학을 새롭게 전개하려는 노력이기 때문에 우리 프로젝트가 주목을 받는 것 같습니다. 국내뿐 아니라 고령사회 선진국인 북유럽 각국과 노년학을 주도해온 미국에서도 견학과 취재를 하러 방문객들이 많이 옵니다. 그 사람들의 공통 관심사 중 첫 번째는 계획 자체, 즉 고령사회에 대한 우리의 구상입니다. 그리고 두 번째가 연구계획을 입안하고, 하나하나 세밀하게 사회실험 단계를 밟아서 과학적으로나 사회적으로 의미 있는 성과를 얻을 수 있느냐 하는 점이지요. 다시 말하면 우리가 장수사회에 공헌하는 새로운 과학을 창출할 수 있느냐 하는 점에 주목한다는 겁니다.

과학이라 하면 가설을 세우고 실험실 안에서 모든 조건을 통제해서 검증하는 방법이 일반적입니다. 하지만 이번에 우리가 후쿠이시와 가시와시에서 펼치고 있는 사회실험은 기존의 과학 방법과는 다른 기법입니다. 현실 사회의 과제를 직접 해결할 수 있는 과학을 추구하는 거거든요. 학내 연구자들과 졸업생들로부터도 우리 프로젝트에 대해 다양한 평가와 의견을 듣고 있는데, 과학에 대한 생각에 따라서 평가가 엇갈립니다. '이걸 학문이라고 할 수 있느냐, 과학이라고 볼 수 있느냐, 도쿄대학이 할 만한 일이냐?' 하는 평가가 있는 반면에 '도쿄대학이 이런 일을 시작했다니 대단하다'라는 평가도 있습니다. 양극단이지요. 원래 새로운 시도에 대한 평가는 분

도쿄대 리더육성 수업 · 과제설정의 사고력

분하기 마련입니다. 그래도 여러 전문 연구자들이 관심을 가져 주고 있고 동료들도 늘었어요. 타 분야와의 연계를 통해 이루어지는 과제해결형 노년학 연구에 매력을 느끼고 다양한 전문가들이 참가하고 있으니까 팀의 맨파워는 막강하다고 봅니다. 저는 이런 식으로 학문이 사회문제 해결에 더 많이 공헌해야 한다고 생각합니다.

애초에 아키야마 선생님께서 노년학 연구에 뛰어들게 된 계기는 무엇입니까?

계기라 하면 두 가지 정도 있겠네요. 하나는 지극히 개인적인 사정입니다. 저는 저희 할머니, 할아버지 입장에서 굉장히 늦게 본 첫 손녀였어요. 그 두 분은 저를 눈에 넣어도 안 아플 정도도 귀여워해 주셨고 부모님을 대신해서 저를 거의 키우다시피 하셨지요. 밤에도 그분들 방에서 자다 보니 연세 드신 분들의 호흡, 감정을 자연스럽게 접했다고 할 수 있습니다. 두 분은 전쟁 중에 아들 둘을 잃으시고 달관하듯이 사셨지만, 그래도 늙어가는 데 대한 불안이나 쓸쓸함은 느끼시는 것 같았어요. 어르신들 곁에 있으면서 저는 '노인이라도 다 다른 개성이 있다'는 것을 알게 되었어요. 집에 자주 놀러 오는 분들을 보면서 어린 마음에도 그런 느낌이 들었으니 신기하지요. 저는 연세 드신 분들이 아주 가깝게 느껴졌어요. 그분들과 함께 있는 게 자연스러웠고, 그분들의 젊은 시절 경험담은 아주 흥미로웠지요. 그런 개인적인 체험이 있었기 때문에 고령자와 고령사회 연구에 자연스럽게 빠져들 수가 있었던 거라고 생각합니다.

그것 말고는 학생 때부터 연구에 관심이 있었다는 게 계기였겠네요. 학부 때 임상심리학을 배웠어요. 카운슬링이 도입되던 시기였어요. 그런데 학생운동의 영향도 있었겠지만, 카운슬링은 눈속임일 뿐 아무 의미가 없다는 생각이 들더군요. **'사회가 문제를 제공했기 때문에 개인이 힘들어 하는 건데 마음가짐을 달리 하면 편해질 거라니, 그렇게 얼버무리는 건 당치도 않아!'라고 생각했거든요.** 임상심리학의 권위자였던 지도 교수님께 제 솔직한 심정을 털어놨습니다. 임상심리사가 뭔지도 모르는 어린 학생이 건방진 소리를 했지만 선생님은 온화하게 다 받아들여 주시고 방향 전환을 인정해 주셨고, 돌아가실 때까지 수십 년 동안이나 응원해 주셨습니다.

그렇게 해서 제 관심은 임상심리학에서 사회적 과제해결로 옮겨갔어요. 그러고 나서는 사회적 과제와 변화에 아주 민감해졌지요. 하지만 관심사가 사회로 이동했음에도 불구하고 제 시각은 언제나 생활자의 관점, 즉 심리학적 관점이었어요. 사회보장제도 설계 같은 거시적 입장보다는 생활밀착형인 미시적 관점에서 개인이 건강하고 행복하게, 보람을 느끼면서 활기차게 살 수 있는 사회를 실현하기 위해서는 무엇을 해야 할지 생각했습니다. 어떻게 보면 일본이 세계 최초로 맞이한 초고령 사회에서 고령자의 생활에 관심을 가진 건 자연스런 흐름이었을 겁니다.

1972년에 제가 대학원생으로 미국에 갔을 때는 노년학이라는 학문이 태동하던 시기였습니다. 당시 미국 대학에서는 서로 다른 분야 사이에 갈등이 심했어요. 그쪽 사람들은 논쟁을 해도 아주 철저히 하기 때문에 거친 욕까지 하면서 치열하게 싸웠어요. 저는 그런 논쟁을 통해 노년학이라는 학제적 과학이 학문으로 구축되는 과정을 안에서 관찰할 수 있었지요. 그 시기에 미국에 눌러앉아 있었던 게 제게는 행운이라고 봅니다. 그 경험을 토대로 미국에서 30년 걸린 것을 일본에서는 10년 만에 할 생각이에요. 시간도 없지만, 일본에는 다른 나라에 없는 좋은 환경이 있기 때문에 10년이면 가능할 거라 확신합니다.

미국은 아직 젊은 나라라 에너지와 힘이 넘치는 데 가치를 두지 않습니까? 그런 의미에서는 사회의 가치관이 고령사회에 부합한다고 할 수는 없을 것 같습니다. 그에 비해 일본에는 노동관, 사람과 사람의 연결 고리, 생로병사와 관련된 인생관 등 장수사회를 지탱하는 가치관이 많이 있지 않습니까?

'시들어가는 아름다움'을 이야기하면 미국인들이 이해할까요? 초라함과 쓸쓸함을 이해하는 나이가 되어야 오히려 인생의 풍성함을 실감할 수 있다는 논리도 미국에서는 통하지 않을 수 있습니다. 그런 점에서 장수사회와 고령자를 연구하는 현장으로서 미국이 가진 한계를 느낀 게 사실입니다. 일본에 돌아온 첫 번째 이유가 그거예요. 개인주의 하에서 자립하라고 요구하는 미국사회와, '같은 처지'의 동질감을 강조하면서도 알고 보면 자립을 북돋우는 일본 사회 사이에는 장수사회 공동체가 보여 주는 모습 자체가 다릅니다. 저는 오랫동안 고령자의 생활을 주시하면서 생활의 온갖 측면이 서로 밀접하게 관련되어 있다는 것을 깨달았습니다. 당뇨병이나 치매에 걸린다는 것은 병이라는 단순한 건강상의 문제가 아닙니다. 모든 면에서 생활이 힘들어지거든요. 경제 상태, 가족이나 친구와의 인간관계에도 영향을 주고, 공동체 관계도 변하게 됩니다. 고령자의 건강과 행복은 병이 낫느냐 마느냐 하는 의학적인 면을 넘어선 얘깁니다. 불치병을 앓더라도 인생의 마지막을 얼마나 풍요롭게 보낼 수 있는가 하는 종합적인 과학이 지금 일본 사회에 요구되고 있습니다. 도전하는 보람을 톡톡히 느낄 수 있는 주제라고 생각지 않으세요?

데이터 축적과 실증실험

     아키야마 선생의 전공 분야인 노년학은 아직 세상에 널리 알려지지 않은 학문 분야다. 한편 그 학문이 주제로 삼는 과제, 즉 초고령 사회가 안고 있는 문제 속에서 우리는 살고 있다. 연금, 개호, 의료 등 사회보장 분야의 세출 증가라는 국가 차원의 재정 문제 외에도 혼자 살다 고독사(孤獨死) 하는 노인, 배회하는 치매 노인, 세계적으로 손꼽힐 만큼 그 수가 많은 거동 불가 노인은 우리 생활 속 문제이기도 하다. '저출산, 고령화'라는 표현을 자주 쓰지만 저출산과 고령화는 별개의 과제다.

     출산율이 높은 미국의 경우 저출산은 없지만 고령화는 일본처럼 당면 과제로 인식한다. 미국 등 선진사회는 젊은 현역세대가 고령세대를 부양하는 시스템을 갖추고 있다. 하지만 그 시스템은 피라미드형 인구구조일 때만 제대로 작동하고 지금 같은 호리병 구조의 인구구성일 때는 한계를 명확히 드러낸다. 이대로 가다가는 매년 적자만 내는 상황이 반복될 뿐이다. 즉 세입과 세출의 균형이 깨지는 것이다. 일본은 외국과 비교할 때 거동을 못하는 노인의 수가 너무 많다는 과제도 안고 있다. 노인을 누워서 지내게만 하면 머지않아 거동을 못하는 노인이 된다. 하지만 일으켜 세우면 일어서고, 걷게 하면 걸을 수 있다. 도쿄도 무사시노(武蔵野)시의 무버스(Mubus, 'MOVE US'라는 의미) 같은 저상 소형 버스나 온 디멘드(On Demand) 버스 등 편리한 교통수단이 있으면 '걷는 노인'이 늘어난다는 사실은 이미 증명된 바 있다. 하지만 '걷는 노인'이 어디를 가고 무엇을 하는지는 아직 분명치 않다. 병원을 다니는 데에만 이용한다면 무의미하다. 따라서 앞으로는 '목적과 책임감을 가지고 움직이는 활동적인 고령자'를 어떻게 늘릴 것인지 하는 과제설정이 고령화 사회의 경영에 중요해질 것이다. 사회참여를 하는 활동적 고령자는 거동을 못할 확률도 적고, 개호비용뿐 아니라 의료비도 적게 든다는 사실을 우리는 이미 알고 있다. 그러니 활동적인 고령자가 늘어나면 사회복지 비용을 줄이는 데 효과가 있고, 그들이 취업 활동을 하면 연금 시스템에도 영향을 줄 것이며, 소비 측면에서도 긍정적인 파급효과를 나타낼 것이다. 고령자의 사회참여를 추진할 때는 행동범위라는 의미에서 공동체가 중심이 되어야 한다.

이상과 같은 문제의식을 가지고 아키야마 선생의 이야기를 들었다. 노년학은 다양한 분야에 걸친 학문으로서 아직 완전히 확립되지 못한 분야다. 일반에 널리 알려져 있다고도 할 수 없다. 학문으로서의 방법론은 데이터 축적을 통한 분석과 실제 공동체 내 실증실험 두 가지다. 그 어느 쪽도 시간이 걸리는 접근법이다. 아키야마 선생은 고령자 데이터를 1980년대 후반부터 동일 집단에 대해 3년마다 조사하고 있는데, 조사 기간만 해도 이미 30년이 넘었다. 이같은 데이터를 변함없이 꾸준히 쌓았기 때문에 코호트(Cohort) 분석, 즉 같은 연령의 집단이 나이가 듦에 따라 어떤 변화를 보이는지에 대한 분석이 가능했고 일본에서 최초로 고령자의 가치관, 생활 감각, 신체 능력 등의 정보를 얻을 수 있었을 것이다. 그 결과 우리는 신체 능력의 개인차까지 파악할 수 있다. 원래는 국가 차원, 즉 후생노동성이 중심이 되어 오래전부터 축적에 나서야 했다. 그런데 일본에 그 의미를 충분히 이해하는 정부 기관, 조직이 없었기 때문에 아키야마 선생은 미국의 자금으로 작업을 시작했다.

선생은 실증실험의 장소로 후쿠이시와 가시와시를 선택했다. 감동적이라 할 만큼 지극히 적확한 선택이라 생각한다. '전통이라는 토양 위에 확립된 공동체'와 '도쿄의 베드타운으로서 역사가 짧은 공동체'의 대비를 통한 실증실험이라는 점만 중요한 것은 아니다. 다른 지방도시가 아니라 후쿠이시라는 데 의미가 있다. 후쿠이현은 직업을 가진 주부가 많음에도 불구하고 출산율이 일본에서 오키나와(沖繩) 다음으로 높은 현이다. 주부가 일과 육아를 양립하기 어렵다는 일반 통념과는 정반대 현상이 일어나는 것이다. 그 이유에 관해서는 조부모가 육아를 부담하기 때문이라고 알려져 왔으나 아키야마 선생의 조사 결과 육아를 담당한 이는 조부모가 아니라 조모였다. 그래서 그 지역 여성들은 현실에 불만을 품고 있으며, 의식이 점차 변하고 있다. 후쿠이시에서 기존의 전통적 조모의 역할에서 벗어나 자립적인 노후 생활을 꾸리는 여성이 늘어난다면 육아의 방식도 변화할 것이다. 그로 인해 후쿠이현의 출산율이 영향을 받을 수 있다는 생각은 들지만, 만약 그렇다면 지금까지 조모가 해온 역할을 대신할 누군가가 있어야 한다. 후쿠이현도 일본의 타 지역과 마찬가지로 일하는 주부를 지원할 시스템이 필요하다는 사실에는 차이가 없다. 이 같은 연구 결과는 고령화 시대의 공동체에 변화를 초래할 것이다.

우선 '고령화 사회의 경영'에 관한 제대로 된 구상이 필요한데 그 기본은 아마 '연령 미상 사회'라는 관점에서 비롯될 것이다. 다시 말해 고령화를 연령 단위로 구분하는 전통적 구분법에서 탈피하는 발상이 필요하다는 말이다. 아키야마 선생이 데이터를 통해 개인차의 확대를 증명했듯이 나이가 들어가는 양상도 사람마다 다르다. 이제는 고령자를 한마디로 뭉뚱그려 표현할 수 없는 시대다. 다양한 건강 조건, 생활 감각, 가치관을 지닌 고령자가 늘어날 것이다. 그런 상황에 어떻게 대처할지가 핵심이다.

요코야마 요시노리

다양한 기술과 방법을 아우르는 응용력

도쿄대학 명예교수
호세이대학 이공학부 창성과학과 교수

오카무라 사다노리
岡 村 定 矩

은하천문학

Sadanori Okamura

오카무라 사다노리

도쿄대학 명예교수, 호세이(法政)대학 이공학부 창성(創成)과학과 교수 / 1948년생. 도쿄대학 이학부 천문학과 졸업, 동 대학원 이학계 연구과 천문학전공 석사과정 수료, 동 박사과정 이수(이학박사). 일본학술진흥회 장려연구원, 도쿄대학 도쿄천문대 기소(木曾)관측소 조수, 도쿄대학 천문학 교육연구센터 기소관측소 조교수와 국립천문대 조교수 겸임, 도쿄대학 이학부 천문학과 교수, 동 대학원 이학계 연구과 교수, 이학계 연구과장·이학부장, 도쿄대학 이사·부총장, 도쿄대학 국제고등연구소 소장을 거쳐 현재에 이른다. / 전공은 은하천문학과 관측적 우주론. 은하 및 은하단의 구조와 진화에 관해 관측적 연구를 한다. 가시광선과 근적외선 관측을 바탕으로 우주 초기의 은하 및 은하단과 그들이 빚어내는 대규모 구조를 탐사하고, 그들이 현재의 모습으로 어떻게 진화해 왔는지를 그려 내는 작업이다. 또 관측 수단으로서의 다양한 모자이크 CCD 카메라와 천체 화상처리 시스템을 개발했다. 하와이에 있는 스바루 망원경의 주초점 광시야 카메라 슈프림 캠(Suprime-Cam)의 개발 책임자이기도 하다. / 저서로 『은하계와 은하우주』, 『옥스포드 천문학 사전』(감역), 『우주관(宇宙觀) 5,000년사 - 인류는 우주를 어떻게 보아 왔는가?』(공저) 등이 있다. / 2001년 다이와 에드리언(大和-Adrian) 상 수상, 2004, 2005, 2006, 2007, 2010년 일본천문학회 영문 연구보고 논문상 수상.

우주는 어떻게 탄생했고 어떠한 진화를 거쳐 오늘날에 이르렀는가?
그 장대한 의문을 관측 데이터를 통해 실증적으로 밝히려는 천문학자가 있다.
세계 최대 단일반사경을 자랑하는 스바루 망원경의 카메라까지 직접 개발한
오카무라 사다노리의 폭넓은 활동과 배경을 조명한다.

요코야마   광대한 우주에 대해 알고 싶어 하는 욕구는 인간의 오랜 꿈이었습니다. '우주의 크기는 얼마나 될까?', '우리 말고도 생명이 존재할까?' 등 미지의 공간을 둘러싼 수수께끼는 풀어도 풀어도 끝이 없습니다. 오카무라 선생님께서는 최신 기술을 이용해 은하의 구조를 관측하고 우주의 진화를 해명하고자 도전 중이시지요? '관측적 우주론'이라 부른다고 들었는데 그 개념과 방법에 관해 설명해 주시겠습니까?

오카무라   우주는 '빅뱅'이라 불리는 뜨거운 불덩어리 상태에서 탄생했

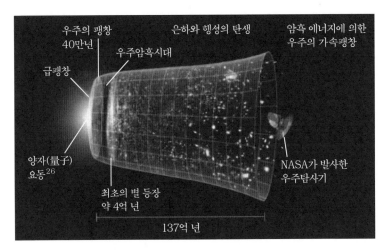

우주의 진화도(NASA의 웹사이트에서 발췌 후 수정)

는데, 그때의 상태는 고온, 고밀도였기 때문에 항성이나 행성 같은 천체는 없었습니다. 그랬던 우주가 팽창을 하면서 온도가 낮아지고, 우주를 채우는 가스의 밀도에도 차이가 생겼습니다. 그것을 계기로 별이 탄생하고 은하가 형성되어 다양한 은하가 산재하는 현재의 우주가 만들어졌습니다. 우주론은 바로 그런 137억 년에 걸친 우주의 역사를 상세히 밝히는 연구 분야입니다.

관측적 연구 방법은 알고 보면 단순합니다. 우주는 먼 곳의 빛

26] 최신 물리학에 따르면 우주는 137억2천만 년 전에 발생한 빅뱅으로 인해 시작되었다. 이때 우주의 크기는 10~34cm였다고 한다. 그 미세한 공간에서 극히 짧은 순간 동안에 출현한 가상입자와 그들이 만든 장이 격렬한 요동을 치는 것을 양자요동이라 한다. 이를 통해 물질이 없는 상태에서 물질이 탄생했다고 현대 물리학자들은 설명한다.

이 과거를 알려 주기 때문에 더 먼 은하를 찾아 그 성질을 시간 순으로 늘어놓으면 우주 진화의 역사를 알 수 있습니다. 하지만 얼마 전까지만 해도 수십억 년 전의 은하를 관측할 수 없었습니다. 그래서 우주론은 주로 이론적인 연구 분야였지요. 그런데 최근에는 130억 년 전의 은하까지 관측할 수 있게 되었고, 그 덕에 실제 관측 데이터를 바탕으로 해서 실증적으로 우주 진화의 역사를 해명할 수 있게 되었습니다. 그 분야를 관측적 우주론이라 부릅니다. 우주의 기본 구성요소는 은하이기 때문에 그 구조와 성질을 연구하는 은하천문학은 관측적 우주론에서 중요한 역할을 하지요.

오카무라 선생님께서는 관측 수단으로 망원경 CCD 카메라[27], 천체사진 처리 시스템 등도 개발하셨습니다. 그 분야의 일가견을 가진 분으로서 최근의 기술 변화를 어떻게 보십니까?

인류는 수천 년 동안 우주에서 오는 빛을 관찰하는 데 육안 이외의 수단을 이용하지 못했습니다. 그러다가 갈릴레오가 400년 전에 손수 제작한 망원경으로 밤하늘을 살핌으로써 인류의 우주 관찰 능력은 극적으로 변화했습니다. 하지만 육안으로 보는 이상 관

27] CCD(Charge Coupled Device, 전하결합소자)를 이용한 카메라로 디지털 카메라를 말한다고 보면 된다. 일반적으로 CCD의 감도는 표준 필름보다 감도가 100~1000배 정도 뛰어나고 배경 하늘의 노이즈를 제거하는 데에도 효과적이다. 일반적으로 천체사진은 장시간의 노출이 필요한데 CCD를 망원경에 연결하면 노출 시간을 극히 짧게 줄일 수 있어 대기에 의한 시상의 흔들림이 거의 없는 양질의 사진을 얻을 수 있다.

찰할 수 있는 우주의 범위는 지극히 한정적이었습니다. 19세기 중반에 사진이 등장해 큰 진전이 있기는 했지만, 20세기 후반에 들어서야 인류는 더 새로운 눈, 즉 CCD라는 디지털 눈을 손에 넣습니다. 그 덕에 지난 40년 동안 천문학은 엄청난 변화를 맞았습니다. **보이는 우주뿐 아니라 보이지 않는 우주까지 포함해 지금은 새로운 우주관의 막이 열렸다고 할 만한 시대입니다.** 더불어 요즘은 정보처리 기술도 엄청난 기세로 혁신이 이루어지고 있습니다. 그러다 보니 1970년대 초반에 제가 대학원에서 배웠던 내용의 절반은 '화석 같은 얘기'로 전락하고 말았지요. 당시만 해도 가까운 은하밖에 볼 수 없었기 때문에 10개 정도의 은하 사진을 열심히 찍어서 그것을 화상처리 한 다음 빛의 밝기를 측정하는 작업을 했습니다. 그리고는 '이런 형태의 은하는 이런 성질을 가지고 있지 않을까?' 또는 '저런 형태를 만드는 물리법칙은 뭘까?' 하는 내용을 관측을 통해 찾으려 했지요. 70년대에 CCD가 등장하자 그때까지 관측한 은하보다 훨씬 어두운 무수한 은하가 존재한다는 사실을 비로소 확인할 수 있었습니다. 지금은 컴퓨터를 클릭하기만 하면 사람의 눈이 아니라 전자(電子)의 눈이 읽어낸 수십만, 수백만의 은하 데이터를 얻을 수 있습니다.

우주의 더 먼 곳을 보고 싶다는 욕구는 결국 더 어두운 곳을 보고 싶다는 생각과 일맥상통합니다. 그러려면 망원경을 크게 만드는 방법도 좋겠지만, 천체 화상의 기록 방법을 개량하는 것도 중요합니다. 그렇게만 되면 더 멀리서 오는 미세한 빛을 관측할 수 있으니까요. CCD를 개략적으로 말하면 사진보다 감도가 100배나 좋은 카메라라고 생각하면 됩니다. 빛을 검출하는 부위의 감도가 100배라는 것은 망원경의 구경이 10배로 커졌다는 의미와 같지요. 즉 사진에서 CCD로 전환이 이루어짐으로써 새로운 대형 망원경 없이도 천체 관측의 범위가 크게 확대되었다는 이야깁니다.

사실 CCD를 활용하기 시작한 70년대부터 20년 동안은 망원경의 대형화에 거의 진전이 없었습니다. 70년대라고 하면 고전적인 4m급 망원경이 전성기를 이루던 시절이었는데, 1993년에 구경 10m의 케크(Keck) 망원경[28]이 완성되기까지 특별한 기술적 진전이 없었던 겁니다. 하지만 최근 들어 CCD와 천체 화상 처리기술이 진보하면서 천문세계는 크나큰 성과를 거두었습니다. 우리 연구팀은 천체사진의 디지털 처리 시스템을 개발하는 데 주력했는데, 기존의 사진기술은 1990년대에 이미 천문 관측에서 자취를 감추었습니다. 그래서 CCD로 넓은 시야를 얻을 수 있는 모자이크 CCD 카메라 개발을 시작했고, 화상처리 소프트웨어도 그에 맞춰 개량 작업을 했지요.

지금은 다시 망원경의 대형화 시대가 찾아왔습니다. 현재는 8m급 망원경이 전 세계에서 열 대 이상 가동되고 있습니다. 일본이

28] 망원경은 구경이 클수록 빛을 모으는 면적이 커져 상세한 이미지를 얻을 수 있기 때문에 과학자들은 기술적 한계를 극복한 거대 망원경을 만드는 데 힘써 왔다. 케크 망원경은 하와이 마우나케아 산에 위치한 일본국립천문대에 설치되어 있는 현존 최대의 망원경으로 주경이 10미터에 이른다. 하지만 단일 반사경이 아니며 크기 1.8m의 거울 36개가 조합된 형태이다.

히외이에 건설한 스바루 망원경[29]도 그중 하나예요. 그야말로 집광력과 시야의 각도 면에서 천체 관측 방법이 혁신을 이룬 예라고 할 수 있지요. 특히 현존 최고의 광시야를 자랑하는 스바루 망원경의 주초점 시야 카메라 '슈프림 캠(Suprime Cam)'은 저희 팀의 개발성과입니다. 다음 목표는 30m 망원경(Thirty Meter Telescope=TMT)[30]입니다. TMT는 스바루 망원경의 차세대기가 될 광학 적외선 망원경으로 2019년 완성을 목표로 국제적 협력 속에 추진되고 있습니다. 스바루 같은 단일 반사경이 아니라 492장이나 되는 반사경을 조립해서 스바루의 13배에 이르는 집광력과 3.7배의 해상력을 갖추게 될 것입니다. 2019년에 하와이에서 시험 관측을 할 예정인데 이 망원경이 가동되면 천문학뿐 아니라 물리학 및 생물학 등 여러 분야를 아우른 과학적 성과를 기대할 수 있을 것입니다.

천문학을 둘러싼 기술은 점점 발전하고 있습니다. 이렇게 되면 연구의 방법도 완전히 바뀌겠지요? 사고의 과정에도 영향을 줄 것이고 말입니다. 젊은 사람들은 이 같은 현재 상황을 알고 그 길로 뛰어드는 것일까요?

29] 8.2m의 현존 최대 단일 반사경을 자랑하는 거대 망원경이다. 케크 망원경과 마찬가지로 하와이 마우나케아 산의 일본국립천문대에 설치되어 있다. 2000년 12월부터 본격 가동을 시작했다.

30] 북미와 아시아 국가들이 미국에 건설 중인 거대 망원경이다. 케크 망원경의 10배, 스바루 망원경의 13배가량 집광력이 좋을 것으로 예상된다.

새로 들어오는 학생들은 현재 상황을 알고 있습니다. 오히려 예전 방법을 전혀 모르지요. 그래프용지에 은하의 데이터를 하나씩 점으로 찍어본 경험이 있는 학생들이 지금은 없습니다. 그래프에 손수 점을 찍던 세대와, 컴퓨터가 표시해 주는 수만 개의 점을 받아 보기만 하는 요즘 세대는 사물을 느끼는 방식이 다를 거라고 생각합니다. 나타난 결과를 무슨 근거로 믿느냐 하는 관점도 다르겠지요. 논문의 형태도 바뀌었습니다. 지금은 방대한 양의 데이터를 모아서 끝도 없이 정밀한 해석을 해야 한다고 얼마 전에도 젊은 연구자들이 투덜대더군요. 그 친구들 이야기를 들어 보면 우리 때가 관측적 우주론 분야에서는 좋은 시절이었다는 겁니다. 여러 면에서 격세지감을 느낍니다.

　　게다가 지금은 가시광선 이외의 전자파를 관측하는 망원경도 개발되어 있습니다. 우주의 천체로부터 나와 지구에 도달하는 전자파 중에는 감마선부터 전파까지 온갖 파장의 전자파가 있습니다. 그 대부분은 대기에 흡수되기 때문에 지구까지 도달하는 것은 가시광선과 근적외선, 전파뿐입니다. 그러니 지표까지 도달하지 않는 전자파를 관측하려면 인공위성 등을 써서 대기 밖에서 관측해야 하지요. 게다가 전자파는 파장에 따라 검출 원리와 기술이 크게 다르기 때문에 각각 파장별로 관측 망원경이 따로 필요합니다. 요즘은 모든 파장의 전자파를 관측해서 천체에서 일어나는 현상을 종합적으로 이해하려는 시도가 활발하게 이루어지고 있습니다.

　　'다파장(多波長) 천문학'이라 부르는 분야인데 이 분야의 성공은 천문학의 궁극적 목표 중 하나이기도 합니다. 지난 10여 년 동안 X선, 자외선, 적외선 관측의 분해능(얼마나 상세한 구조까지 볼 수 있는지를 나타내는 능력)은 지상에서 이루어지는 가시광선 관측 분해능과 맞먹거나 또는 그것을 능가하는 수준에 이르렀습니다. 나아가 우주에서 오는 정보를 얻는 수단도 전자파에 그치지 않고 뉴트리노(neutrino), 우주선(宇宙線, cosmic ray), 중력파로까지 늘었습니다[31]. 뉴트리노 관측은 기후(岐阜)현 가미오카초(神岡町)의 지하에 있는 도쿄대학 실험장치인 슈퍼 가미오칸데(Super-Kamiokande)가 유명합니다. 지구 대기에 돌입하는 고에너지의 우주선을 관측하기 위한 망원경도 세계 각지에 건설되고 있습니다.

천문학계도 빅 데이터의 시대를 맞고 있습니다. 최근 산업계에서는 매일같이 대량으로 생성되는 정보를 어떻게 관리하는지에 따라 기업의 경영이 좌우되는 사태까지 일어나고 있습니다. 정보폭발이라는 말이 부정적인 의미에서 사용되기도 하고요. 기가(G, 10의 9승), 테라(T, 10의 12승) 단위의 데이터 세계에 들어선 천문학 분야에서는 어떻게 대응하고 있는지요?

31] **뉴트리노** - 전기적으로 중성인 소립자의 일종으로 우주의 기본 구성 물질 중 하나이다. 매우 관측이 어려우나 우주와 천체 내부의 문제를 알아내는 데 중요한 역할을 한다.
우주선 - 우주에서 지구로 떨어지는 고에너지 입자의 총칭으로 양성자나 탄소, 수소 등 모든 종류의 원자핵이 해당된다.
중력파 - 거대 질량이 급격히 가속 또는 감속할 때 나타나는 시공간의 출렁임을 의미한다.

도쿄대 리더육성 수업 · 과제설정의 사고력

천문학에서도 데이터 마이닝(data mining)[32]이라는 말이 유행하고 있어요. **데이터를 하나하나 쌓아 올리는 것이 아니라 일정 양의 데이터 중에서 흥미로운 데이터를 찾으려면 어떻게 해야 할지를 생각하는 것이 연구의 중요한 수단이 되고 있지요.** 모든 파장을 이용해서 천체를 관측하는 것이 목표라고 했는데, 대규모의 천문 데이터베이스를 운용하는 데이터 센터가 많이 있습니다. 그들은 축적된 데이터를 전 세계에 공개합니다. 천문학은 데이터를 공유하는 분야예요. 얻어진 데이터는 1~2년 내에 자동적으로 전 세계에 공개됩니다. 게다가 전체 파장을 이용한 대규모 서베이 관측이 이루어지게 되면서 최근에는 상호교류가 대단히 활발해졌습니다. 예전에는 파장마다 연구자 커뮤니티가 나뉘었지요. 파장이 다른 전자파는 관측 기술이 달라서 연구도 따로 진행해야 했기 때문입니다. 그렇지만 지금은 상호 긴밀한 관계를 맺어야 합니다. 그래야 전체 파장을 이용한 관측 데이터를 가지고 연구를 진행할 수 있거든요. 그렇게 천문 데이터베이스는 질적으로 새로워지고, 양적으로도 폭발적으로 늘어나고 있습니다.

기존의 데이터를 사용한 분석은 PC 앞에 앉아서도 가능합니다. 적절한 데이터가 없는 경우에만 비어 있는 부분에 대해서 '이런 파장, 이런 분해능을 이용해 이 정도 어둡기까지 보겠다'는 관측 제

---

32) 각종 통계 해석 기법을 동원해 대량의 데이터를 분석하여 숨은 관계성과 의미를 찾아내는 기술.

안서를 스바루 망원경 등 여러 천문대에 제출하게 됩니다. 현재 수많은 연구자들이 모든 데이터를 디지털화해서 보존하려 애쓰고 있는데, 저처럼 예전 기록매체부터 지금까지의 경위를 알고 있는 사람이 보기에는 사실 회의적입니다. 예전에는 종이테이프에 구멍을 뚫어서 정보를 기록했어요. 그런 테이프를 읽을 수 있는 기계가 지금은 아예 없습니다. 저는 아직 종이테이프를 보관하고 있는데, 이제는 그 안에 기록된 정보를 읽어낼 수가 없습니다.

종이테이프에서 자기테이프로, 그리고 DVD로 기록매체가 변할 때마다 사람들은 중요 데이터를 재입력해 보존해 왔습니다. 다시 다음 시대로 넘어가는 지금 현재 보존 중인 데이터를 모두 다시 새로 옮기는 수고는 적어도 저 개인의 능력을 넘어서는 일입니다. DVD가 나왔을 때, 사람들은 DVD야말로 반영구적으로 쓸 수 있는 기록매체라고 흥분했지만 그렇지 않았죠. 새로운 기록매체라 하더라도 분명 다르지 않을 것입니다. 그러다가 어느 시점이 오면 데이터를 이리저리 옮기는 일이 물리적 한계에 도달해서 '포기' 상태에 이를 것이고 데이터의 기록에 있어서 연속성이 깨져 버리는 사태가 일어나지 않을지 진심으로 걱정됩니다. 디지털화하면 영구 보존할 수 있다는 생각은 환상에 지나지 않습니다. 300년 정도 미래의 역사가들은 이렇게 말할지도 모릅니다. "21세기 초반을 평가하라고? 인류는 있었으나 기록은 없는, 완벽한 암흑시대지"라고 말입니다. 로제타석(rosetta stone)[33] 정도만 남을지도 모를 일이지요.

아마추어적인 생각이지만 지구와 흡사한 행성이 있을 거라는 이야기도 있는데, 실제로는 어떻습니까?

그거야말로 천문학에서 현재 가장 활발히 논의되고 있는 주제일 겁니다. 예전부터 화성인이 있다거나 다른 별에도 지적 생명체가 있다는 종류의 이야기는 인류 공통의 관심사였지요. 사실 저도 꽤 흥미롭게 여깁니다. 왜냐하면 우주의 진화에 관해서는 대략의 스토리가 알려졌다고 모두들 생각하거든요. 물론 암흑물질[34]이나 암흑에너지[35]같이 전혀 알 수 없는 문제가 있고, 최초의 별이 어떻게 해서 형성되었는가 하는 어려운 문제는 남아 있지만, 암흑물질 덩어리 안에서 가스가 스스로의 중력으로 수축해 별이나 은하가 만들어졌고, 결과적으로 지금과 같은 우주가 형성되었다는 큰 흐름은 밝혀졌지요. 그래서 사람들의 관심이 조금 더 세밀한 부분으로 옮겨졌습니다.

사실 태양계 바깥의 영역이야말로 미지의 세계였습니다. 사람

33] 1799년 나폴레옹의 이집트 원정군이 지중해변의 로제타 마을에서 발견한 현무암 비석. 고대 이집트의 상형문자, 아랍인의 민용문자, 그리스 문자로 기원전 196년 프톨레마이오스 5세의 공덕을 기리는 내용이 새겨져 있다. 현재 런던 대영박물관이 소장 중.

34) 우주에 존재하는 정체불명의 물질.

35) 우주의 팽창을 가속시키는 원인이 되는 정체불명의 에너지.

들은 태양계 이외의 항성 주위에도 행성이 있을지에 관해 자연스럽게 의문을 품었지요. 실제로 그런 행성의 탐색은 1940년 무렵부터 시작되었습니다. 끝없이 찾아다니다가 이제 포기해야 하는 것 아니냐는 생각을 할 때쯤 1995년에 드디어 하나를 발견했습니다. 사람들은 그런 식으로 탐색 방법을 알아 왔어요. 이후로는 태양계 밖의 행성이 줄줄이 발견됩니다. 2012년 3월 시점에 인류는 이미 행성을 가진 항성 559개와 701개의 행성을 발견한 상태입니다.

탐색 방법을 알았다고 하셨는데 구체적으로 어떤 방법입니까? 그리고 태양계 이외의 행성이 그렇게 많이 발견되었으면 기존의 상식을 뒤엎는 사실이 발견됐을 수도 있겠네요.

가장 널리 이용되는 탐사 방법은 도플러 분광법(Doppler spectroscopy)과 트랜싯(Transit) 기법입니다. 보통, 중심의 항성이 매우 밝기 때문에 바로 옆에 있는 매우 어두운 행성을 직접 보기란 대단히 어렵습니다. 이 두 가지 방법은 그렇게 동시에 관측할 수 없는 행성의 상호 영향을 관측해서 간접적으로 행성의 존재를 증명합니다. 도플러 분광법은 시선속도법이라고도 하는데, 중심별의 시선속도(우리에게 다가오거나 멀어지는 속도)의 주기적인 변화를 검출합니다. 행성의 공전에 따라 중심별도 미세하게 흔들리는데, 그것이 시선속도의 주기변화가 되어서 나타나거든요. 그래서 그 진폭을 가지고 행성의 질량을 추정할 수 있습니다. 주기변화의 진폭은 행성이 무거울수록 큽니다. 트랜싯 법은 행성의 공전궤도면이 시선과 평행에 가까워졌을 때, 행성이 중심별의 앞부분을 통과하는 사이에 중심별이 행성에 가려지면서 미세하게 어두워지는 현상을 관측하는 방법입니다. 얼마나 어두워졌는지를 가지고 가려진 면적을 구할 수 있으니까 행성의 반경을 추정할 수 있는 거지요. 이 두 가지 기법을 쓸 수 있는 행성에서는 질량과 반경을 추정할 수 있기 때문에 평균밀도까지 알 수 있어서 행성이 암석행성인지 여부도 판정할 수 있습니다. 그렇게 해서 수많은 태양계 밖 행성이 발견된 것입니다.

태양계 밖의 행성을 발견하면 흥미로운 점이 두 가지 있습니다. 하나는 태양계 밖의 행성계와 태양계를 비교하면 태양계와는 전혀 다른 세계가 과학적으로는 당연하다는 점입니다. 태양계에는 우리가 어렸을 때 배웠다시피 수금지화목토천해……라는 순서로 행성들이 늘어서 있습니다. 안쪽에는 수성, 금성, 지구, 화성 같은 작은 암석행성이 있고, 목성부터 바깥쪽으로 갈수록 단단한 표면이 없는 가스로 형성된 행성이 있으며, 더 밖으로 나가면 천왕성, 해왕성 등 다시 암석과 얼음으로 이루어진 행성이 나타납니다. 현재의 '행성계 형성론'은 이런 배치를 이루는 이유에 관해 나름대로 성공적인 설명을 했습니다. 그런데 새로 발견한 다른 행성계를 보면 목성 같은 거대한 가스 행성이 태양계로 말하자면 수성보다도 안쪽에 있고, 중심별 주위를 단 며칠 사이에 공전하는 경우도 있단 말이지요. 그런 행성을 '뜨거운 목성(Hot Jupiter)'이라 부릅니다. 그런가 하면 핼리 혜성(1P/Halley)의 궤도처럼 편평한 궤도를 가진 행성도

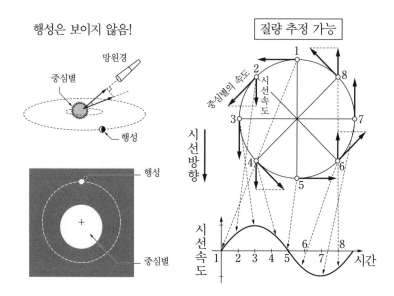

도플러 분광법

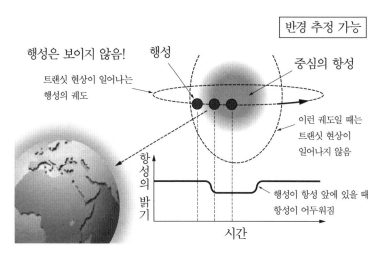

트랜싯 법

도쿄대 리더육성 수업 · 과제설정의 사고력

다수 존재합니다. 그것들은 '괴짜별(Eccentric planet)'이라 부릅니다. 외부 행성계에 관한 비밀이 하나둘 밝혀지면서 태양계 행성의 배열 순서라거나, 태양계에서 대부분의 행성이 완전한 원 궤도를 그리며 공전하는 현상이 행성계의 일반적인 특징과는 거리가 멀다는 사실을 알게 되었습니다. 그렇게 태양계가 특이하다는 사실이 드러나자 태양계의 특징을 설명할 수 있도록 만들어진 현재의 행성계 형성론은 근본적으로 시각을 바꾸어야 하는 상황에 직면했습니다.

이제 태양계의 특수성을 설명할 수 있는 이론이 필요한 상황입니다. 안정성 면에서도 태양계는 분명 불안정합니다. 목성 같은 거대 가스행성이 그런 위치에 있으면서도 어떻게 안정성을 유지할 수 있는지가 오히려 불가사의로 여겨지게 되었지요. 그러다 보니 이제는 이런 특수한 행성계가 40억 년 이상이나 존재하고 있다는 사실을 어떻게 설명할 것인지가 현대물리학 및 역학 이론에서 가장 흥미로운 주제로 떠오르고 있습니다.

또 하나 흥미로운 점은 지구 밖 생물의 발견 가능성입니다. 생명이 탄생하기 적합한 환경은 표면 온도가 0도에서 100도 사이의 행성입니다. 태양계에서는 지구와 화성의 중간 범위지요. 그 범위에 있는, 암석으로 된 행성을 찾는 것이 다음 목표입니다. 지금껏 끊임없이 찾아왔고 가끔 신문에 나기도 했지만, 2009년에 NASA가 케플러(Kepler)[36]라는 관측위성을 쏘아 올리자마자 3개월 만에 1,200

---

36) 태양계 밖의 행성을 찾기 위한 우주망원경을 탑재한 인공위성. 트랜싯 법을 이용해서 행성 후보를 검출한다.

개 이상의 행성 후보를 발견했고 그중 54개가 '생명체 거주 가능 구역(habitable zone)'에 들었지요. 그 54개를 열심히 관측하면 혹시 표면에 물이 있을지도 모릅니다. 바로 그런 점을 조사하기 위해서 30m나 되는 대형 구경의 망원경이 필요한 겁니다.

그런 주제는 천문학과는 별개 분야로 생각되지만 천문학 없이는 생각할 수 없는 분야이기도 합니다. **우주생물학**(Astrobiology)**이라고 부르는데 상당히 분야융합적인 학문이에요.** 미국에서는 대단히 붐을 일으키고 있고, 일본에서도 드디어 분위기가 무르익고 있습니다. 천문학이 지향하는 커다란 방향성 중 하나입니다. 생명체가 발견된다 하더라도 인간과 같은 고등 생명체일지 박테리아 같은 원시 생명체일지는 아무도 모릅니다. 지구와 흡사한 행성이 발견되고 인간과 같은 지적 생명체가 있다고 생각하면 흥분되시지요? 그런데 흔히 상상하는 교신 같은 일은 불가능할 겁니다. 너무 떨어져 있어서 이쪽에서 '안녕하세요?'라고 불러본들 200년 걸려서 전달될 테고, 저쪽에서 또 '예, 안녕하세요!'라고 답한 것이 여기까지 도달하는 데 200년, 결국 합계 400년은 걸릴 테니까요. 그러니까 발견된다 해도 인간에게는 아무런 의미가 없다고 생각해도 무방하다는 거지요. 그래서 사람들이 천문학은 아무짝에도 쓸모가 없다는 이야기를 하는 겁니다. (웃음)

오카무라 선생님께서는 어린 시절부터 별을 좋아해서 천문학자를 목표로 삼으셨습니까? 선생님의 청소년 시절이 궁금합니다.

어릴 때부터 그런 생각을 한 것은 아니었어요. 천문학자가 되겠다는 생각을 한 건 고등학교에 들어가서부터입니다. 저는 야마구치(山口)현 서쪽 끝에 있는 벽촌에서 태어나 자랐어요. 바다에서 2, 3km밖에 떨어지지 않은 곳에 해발 400m 정도 되는 산이 있었는데, 산속 작은 골짜기에 저희 집만 덩그러니 있었어요. 이웃집이라는 개념이 없었고, 산 건너편 50km 정도 떨어진 곳에 기타큐슈(北九州) 지역의 불빛이 어렴풋이 보이는 산골이었지요. 밤이 되면 주위는 완전히 암흑천지였습니다. 짐승들이나 다닐까 싶은 길을 한 시간 가까이 내려가야 겨우 기차역에 도착하는 벽지였지요. 고등학교는 시모노세키(下關)시까지 통학을 했는데 학교까지 가는 데만 두 시간 이십 분이 걸렸어요. 전철은 한 시간에 한 대가 다녔지요. 3년 동안 학교 다니느라 애 많이 썼습니다.

집이 그렇게 외진 데 있다 보니 문화생활과도 거리가 멀었어요. 세상이 어떻게 돌아가는지 전혀 모르는 곳에서 자란 거지요. 라디오는 있었지만 TV는 중학교 3학년이 될 때까지 없었습니다. 외국이라는 데가 있다는 것조차 초등학교 때는 몰랐고, 중학교 가서야 영어 수업이 시작됐을 때 처음 알았을 정도였으니, 뭐……. (웃음) 그러니 커서 무엇이 되어야겠다는 생각 같은 건 아예 없었어요. 애당초 세상에 어떤 장사나 직업이 있는지도 몰랐고요. 고등학교에 들어가 시모노세키로 통학을 하면서도 상황은 별로 바뀌지 않았습니다. 그래도 맨 처음에 생각했던 직업은 파일럿이었어요. 그런데 저는 적록색맹이어서 파일럿이 될 수 없다는 것을 알게 되었지요. 그 다음에는 언론인과 천문학자 중 아무거나 되면 좋겠다는 생각을 했어요. 등하교 때 산길을 걷다가 녹초가 되면 연꽃 밭에 누워서 하늘을 자주 올려다보았는데, 주위에 불빛이 없었기 때문에 달이 뜨면 그 빛이 참 밝았어요. 초승달이 뜰 때는 어두웠고요. 달도, 별도 정말 아름다웠지요. 그런 체험이 있었기 때문에 천문학자는 선택지에 들어 있었어요.

하지만 결정적이었던 것은 고등학교 도서관에서 본 천체사진집이었어요. 초판이 1953년에 나온 책인데, 미국 팔로마산 천문대(Palomar Observatory)의 200인치 망원경으로 찍은 사진이 수록되어 있었지요. 오리온자리의 마두성운(馬頭星雲)을 그 책에서는 '오리온자리의 암흑만(暗黑灣)'이라고 소개했더군요. 그 사진을 본 순간 '와, 멋지다!'라는 생각을 했어요. 흑백사진이었지만 그야말로 석양이 구름을 만난 것 같았거든요. 당시 저희 집에서는 현해탄이 보였기 때문에 석양이 구름을 물들이다가 바다 속으로 잠기는 광경을 매일 바라볼 수 있었어요. 마두성운의 사진을 보니까 바로 그 석양의 모습이 떠올랐어요. 우주에 그런 아름다운 세계가 있다는 데 충격을 받았지요. 바로 그 순간에 천문학자가 되겠다고 결심했습니다. 그러고 나서 알아봤더니 천문학과가 있는 학교는 도쿄대학과 도호쿠(東北)대학,

『천체사진집 – 200인치로 보는 별의 세계』
(스즈키 게신(鈴木敬信) 편저, 1953년)

도쿄대 리더육성 수업 · 과제설정의 사고력

교토(京都)대학밖에 없더군요. 그래서 도쿄대학에 가자고 마음먹고 시험을 쳐서 운 좋게 붙었어요. 이학부(자연과학부) 진학도 순조로워서 천문학과에도 별 탈 없이 진학했습니다. 그렇게 해서 지금까지 천문으로 밥을 먹고 있으니 참 행복한 인생을 살아온 셈입니다.

하지만 당시는 도쿄대학에서 학생운동이 정점에 달했던 시기이기도 합니다. 1969년 야스다(安田) 강당[37]이 진압되면서 세상 사람들은 혼란이 끝났다고 생각했겠지만 제게는 진정한 의미에서 대학시절의 고뇌가 시작되는 시기였습니다. 앞으로 어떻게 살아갈 것인지에 대한 무거운 주제에 그때 맞닥뜨렸던 것 같아요. 그대로 도쿄대학에 있으면서 미래의 착취계급이 되기보다는 고향으로 돌아가 농사나 지으면서 조용하게 사는 편이 나을지도 모른다는 생각까지도 했지요. 친구들에게 설득 당한 끝에 자퇴는 단념했지만 수업이 재개되고도 좀처럼 원래 생활로 돌아가지 못했어요. 대학원 입시에 어찌어찌 합격을 해서 진로는 정해졌는데 앞날은 전혀 보이지 않더군요.

그래서 '이렇게 된 거 잠시 일본을 떠나 더 큰 세계를 보고 오자'고 마음먹었지요. 반년 동안 유럽과 아시아를 둘러볼 여행을 계획하고, 친구 4명과 실행에 옮겼습니다. 야스다 강당 사건이 있은

37] 도쿄대학 혼고(本郷) 교정에 있는 강당. 학생운동이 한창이던 1969년 도쿄대학 투쟁 때 전공투(全學共鬪會議)에 의해 점거되었고 학교 측이 요청한 경찰기동대에 의해 학생들이 해산되는 과정에서 다수의 부상자가 속출하는 등 격렬했던 학생운동을 상징하는 건물이다. 이후 계속 창고로 쓰이다가 1989년 보수를 시작해 1991년부터는 졸업식 거행 장소로 이용되고 있다.

지 딱 2년 후 겨울, 요코하마 항에서 러시아 나홋카(Nakhodka)를 향해 여행을 떠나던 날을 지금도 기억합니다. 나홋카에서 하바롭스크(Khabarovsk)까지 시베리아 철도로, 거기서 모스크바(Moskva)까지 비행기를 타고 갔고, 다시 열차를 타고 유럽으로 갔습니다. 일본에서 독일 함부르크(Hamburg)로 차 두 대를 보내 놓고 그 차로 유럽 각국을 돌아본 뒤, 터키로 건너가 이란, 아프가니스탄, 파키스탄까지 둘러보고서야 5개월간의 여행은 끝났습니다. 많은 사람을 만났는데 그때의 경험은 제 인생에 큰 영향을 주었습니다. 저는 유럽보다는 아시아의 농촌에서 가난하게 살아가는 유목민의 생활에 묘한 공감대를 느꼈습니다. 사실 그들이 가난하다는 건 그저 우리의 지레짐작이었을지도 모릅니다. 어쨌든 저는 그곳에서 어렸을 적 일본 풍경과 비슷한 모습을 발견하고 평화로움을 얻었습니다. 또 아프가니스탄 칸다하르(Kandahar) 교외에 있는 사막 같은 평원에 이르렀을 때 본, 하늘을 가득 채운 별들과 은하수는 지금도 기억합니다. 그 아름다운 마을이 지금처럼 내전, 테러로 유명한 마을이 되리라고는 당시 상상도 못했지요. 대학 친구들은 제가 일본으로 돌아오지 않을 거라고 생각했던 모양이지만, 여행이 끝나고 아르바이트를 해서 빚을 다 갚아갈 때쯤 마치 그간 씌었던 귀신이 떨어져 나가기라도 하듯 모든 상황이 일시에 정리됐어요. 저는 1년 낙제 처분만 받고 대학원으로 돌아갔습니다.

당시 대학가는 공부할 여건이 아니었지 않습니까? 그래도 여행을 통해서, 말하자면 갭이어(gap year, 영국에서 고교 졸업 후 바로 대학에 진학하지 않고 쉬면서 다양한 경험을 쌓는 해)를 보내신 셈이네요. 대학원에 진학하셨을 즈음에는 천문학도 새로운 모습이었겠지요?

그때가 천문학계에서는 참 재미있는 일들이 일어난 시기였습니다. 학계가 여러모로 진보했고, 새로운 정보도 점점 많이 알려졌지요. 지금이야 30m나 되는 거대 망원경이 계획되고 있지만 당시에는 구경 8m 망원경도 만들기 어렵다고들 했어요. 저는 1978년에 기소관측소(당시의 도쿄대학 도쿄천문대 기소관측소)의 조수로 부임해서 13년 동안 줄곧 근무했습니다. 그사이에 스바루 망원경 제작 프로젝트가 생겼어요. 기소관측소도 그 프로젝트에 깊이 관여했는데, 구경 8m의 대형 망원경을 건설한다는 말을 듣고 프로젝트 매니저가 되겠다고 마음을 먹었지요. '그렇게만 된다면 내 인생 최고의 영광일 것이다'라는 생각을 수도 없이 했어요. 그런데 인생은 생각대로 되는 게 아닌가 봅니다.

1988년에 도쿄천문대가 국립천문대로 개편되면서 도쿄대학의 천문 교육은 어떻게 할 것인지에 관한 문제가 떠올랐어요. 해결책으로 구 도쿄천문대의 일부를 도쿄대학 이학부에 남기고 천문학 교육연구센터라는 부문을 신설하자는 이야기가 나왔습니다. 그런데 이게 웬일입니까? 제가 있던 기소관측소가 그 신설센터로 옮겨가게 된 겁니다. 기소에는 넓은 시야를 선명한 상으로 얻을 수 있는 슈미트 망원경^{38}이 정비되어 있었기 때문에 교육 시설로서는 여건이 좋았거든요. 오카야마 천체물리관측소, 도다이라(堂平)관측소, 노베야마(野辺山)관측소는 모두 국립천문대 소속이 되었는데, 기소관측소만 제외됐어요. 결국 저는 스바루 망원경 프로젝트의 핵심 인물이 되지 못했습니다.

그런데 인생은 정말 알 수 없는 거예요. 시간이 흐르고 나서 저는 스바루 망원경의 관측 장치를 개발했습니다. 아까 말한 슈프림 캠이라는 초거대 디지털 카메라인데, 저희 기소관측소 연구팀이 프로젝트를 만들어 성공시킨 거예요. 오랜 세월 기소관측소에서 슈미트 망원경으로 광시야 화상을 촬영하다 보니, 같은 방식으로 밤하늘의 넓은 영역을 한 번에 촬영할 수 있는 장치를 만들자는 생각을 하게 된 건데 좋은 성과가 따랐던 거지요. 영광스럽게도 지금은 그 장치가 스바루에서 가장 맹활약을 펼치고 있습니다. 성능을 더 향상시킨 후속 기기 '슈프림 캠'은 2012년 여름에 완성됩니다. (인터뷰가 진행된 시점은 2012년 초)

저는 각 학문 분야에는 연구자의 개성이 드러나기 마련이라고 생각합니다. 과학 분야에서도 모두가 같은 가설을 세우는 것이 아닌만큼 연구자의 성격과 생각, 경험, 배경에 존재하는 사고방식이 영향을 미칠 것 같은데, 천문학 분야도 연구자의 개성이 드러날 여지

38] 희미한 빛을 내는 천체를 짧은 시간에 촬영할 수 있는 특수 반사망원경.

가 있는지 궁금합니다.

천문학 분야는 이론을 하는 사람과 관측을 하는 사람이 있기 때문에 사정이 각기 다릅니다. 우선 이론을 하는 사람들은 100개의 가설을 세우면 그중 대략 하나가 맞아떨어지는 경우가 많아요. 물론 아인슈타인처럼 하나의 가설만 세워도 그 자체가 대단한 이론인 사람도 있습니다. 그런데 이론의 경우는 논문이 관측을 통해 검증되는 과정에서 이론적 오류가 밝혀져도 아무 문제없습니다. 즉 그때까지 알려진 관측 결과를 바탕으로 가설을 세우고 그것이 수학적, 물리적으로 정합성이 있으며, 새로운 해석을 제시하는 것이라면 그 누구도 문제 삼지 않는 것입니다. 그것이 사실은 오류였다고 판명되더라도 몰랐던 것에 대해 이해를 주기만 한다면 새로운 성과로 치지요.

관측을 하는 사람 중에도 두 종류가 있습니다. 대상에 관해 대담한 모험을 하면서 관측을 하는 경우가 있는가 하면, 가능한 범위 내에서 조금씩 관측 결과를 쌓아 가는 사람도 있어요. 사람에 따라 방식이 대단히 다른 거지요. 저는 후자에 속합니다. 대단한 아이디어가 없어서 그럴 수도 있지요. (웃음) 그래도 천문학 관측자에게 공통점이 있다면 아마 강한 인내심일 거예요. 관측 결과가 쌓인다는 건 매일 완벽하게 작업했다는 증거예요. 요즘은 상황이 바뀌었지만 예전에는 자신이 하고 있는 관측이 어디에 쓰일지 고민하지 않아도 되는 시절이 있었습니다. 예를 들어 토성의 위성 궤도 요소를 정밀화하기 위해서 사진을 계속 찍은 뒤 1년에 딱 한 번 학회에 발표하는 사람도 있었어요. 스바루 망원경 같은 새로운 시설이 아니라 찬바람이 씽씽 부는 돔에서 끝없이 관측을 계속하는 거지요. 그런 식으로 지난 해 계산보다 궤도의 결정 정밀도가 조금씩 좋아지는 것을 확인하면서 20년간 같은 관측을 하는 겁니다. 그런 강한 인내심은 천문학자의 본질적인 면이기도 합니다.

갈릴레오 갈릴레이(Galileo Galilei, 1564~1642)도 매일 망원경으로 달을 관측해 기록을 남겼습니다. 실제 갈릴레이가 그린 그림의 원본이 남아 있다는 이야기를 들은 적이 있습니다.

1610년에 베네치아에서 발행된『시데레우스 눈치우스(Sidereus Nuncius)』라는 책에 갈릴레이가 그린 달 표면 그림이 실려 있습니다. 달에도 지구와 마찬가지로 산이 있고, 계곡이 있다는 사실에 놀라 그림을 남기게 된 것입니다. 아리스토텔레스 이후 사람들은 천상계와 지상계는 다르다고 생각했습니다. 게다가 천상계는 인간이 사는 지상계와는 달리 더러움이 없는 완전한 세계라고 여겼어요. 하지만 갈릴레이는 실제 자신의 눈으로 날마다 관측해 달 표면에 지상계와 같은 굴곡진 형상이 있고, 태양도 어두움 한 점 없는 완전한 존재가 아니라 그늘(흑점)이 있다는 사실을 알게 됩니다. 그래서 그 충격적인 사실을 사람들에게 알리려 한 것입니다. 플레이아데스(Pleiades, 황소자리의 산개성단)를 그린 그 유명한 스케치도 남아 있습니다. 황소자리에 있는 여섯 개의 별 부근에 육안으로는 볼 수 없는 40개 이상의 별들이 밀집되어 있다는 사실을 확인하고, 그중 36개의 별을 그렸지요. 그런 다음 은하수의 실체는 무수한 별들의 집합이라는 사실도 망원경을 통해 눈으로 확인했다고 기록했습니다. 또 목성을 관측해 그 주위에 4개의 위성이 있다는 것을 알아내고 그들을 '메디치가의 별'이라 명명한 뒤, 매일 그 위치를 기록했습니다. 1610년 1월 7일부터 끊임없이 관측을 했는데, 7일과 8일 관측에서 별들이 서로 접근했다가 떨어지는, 생각지도 못했던 광경을 발견합니다. 9일 밤에는 가슴을 조이며 별의 출현을 기다렸다가 날씨 때문에 관측을 못하자 '기대는 무너졌다. 하늘이 온통 검은 구름으로 뒤덮였다'는 기록을 남기기도 했지요. 그렇게 3월 2일까지 매일 기록을 남겼습니다. 구경이 불과 수 cm밖에 안 돼서 시야도 몹시 좁았던 망원경으로 갈릴레이는 용케도 관찰을 지속했습니다. 갈릴레이는 망원경으로 본 결과를 기록한 최초의 인류입니다. 그것이 지동설의 확립으로 이어지는 유력한 증거가 되었으니 대단하지요.

코페르니쿠스적 전환이라는 표현이 있습니다. 코페르니쿠스(Nicolaus Copernicus, 1473~1543)는 최초로 지동설을 주장했지 않습니까? 그 이후에 갈릴레이, 티코 브라헤(Tycho Brahe, 1546~1601), 케플러(Johannes Kepler, 1571~1630) 등 천문학의 조상들이 천체 관측을 통해 인류의 우주관을 뒤집고 과학의 발전을 촉진해 왔습니다. 그 모두가 천문학 분야의 선구적인 성과라 할 수 있겠지요?

갈릴레이보다 앞서 지동설을 주장했던 코페르니쿠스는 대단히 주의 깊은 인물이었습니다. 지동설을 발표하면 엄청난 파장을 부를 것을 미리 예상했기 때문에 신변의 위험을 대단히 두려워했지요. 그래서 『천체의 회전에 관하여(De relutionibus orbium coelestium)』라는 저서는 1543년 그의 사망 직전에 출판되었습니다. 임종을 맞기까지 책의 출판을 허락하지 않았던 거예요. 코페르니쿠스 이후 티코 브라헤가 방대한 관측 기록을 남겼고, 그것을 기초로 그의 조수였던 케플러가 행성의 타원궤도를 발견합니다. 티코 브라헤가 살던 시대만 해도 망원경이 없었기 때문에 육안으로 관측할 수밖에 없었습니다. 그는 대형 분도기를 4분의 1로 자른 모양을 한 사분의(四分儀, 망원경 이전의 천체관측기구)를 설치한 방을 만들어 아

티코 브라헤의 관측(스웨덴의 백과사전 『Nordisk Familjebok』에서)

래에서 들여다보면서 별의 각도를 측정했습니다. 그런 방법으로도 별의 위치를 정밀하게 측정했습니다. 티코 브라헤의 정밀한 관측 결과가 없었다면 케플러는 타원궤도를 도출해 내지 못했을 겁니다.

갈릴레이가 목성의 정확한 관측 기록을 남긴 것이 1610년이고, 케플러가 행성의 운동에 관한 세 가지 법칙

을 발표한 것은 1609년부터 1619년 사이의 일입니다. 코페르니쿠스의 이론이 발표되고 70년 정도가 지난 시점이었지요. 갈릴레이는 종교재판에 부쳐졌고, 케플러의 법칙도 널리 유포되지 않았지만, 어쨌든 지동설을 지지하고 후세로 이어준 것은 분명 갈릴레이와 케플러 두 사람이었어요.

다만 케플러의 법칙은 어디까지나 현상론이었습니다. 행성은 그 당시 생각되던 완전한 동그라미가 아니라 태양을 하나의 초점으로 한 타원을 그리며 공전한다는 것이 첫 번째 법칙입니다. 공전의 속도도 일정치 않아서 행성과 태양의 거리가 가까울 때는 빨라지고, 멀 때는 느려진다는 것이 두 번째 법칙이고요. 또 행성의 공전주기의 제곱은 궤도의 장반경의 삼승에 비례한다는 것이 세 번째 법칙입니다. 그런데 이 세 가지 법칙은 모두 그러한 사실을 이야기하는 데 그칠 뿐, 왜 그런지에 대해서는 몰랐어요. 그것을 만유인력이라는 물리적 근거를 가지고 증명한 사람이 뉴턴입니다. 그러니까 뉴턴에 의해 지동설은 결정적으로 확립된 셈이죠.

같은 천문학자라도 인생은 다 제각각이지 않습니까? 티코 브라헤처럼 평생에 걸쳐 데이터를 모으는 관측가도 있고 말입니다. 그렇게 한 주제에 매달리다가 생을 마감하는 사례가 천문학에는 아직도 있습니까?

최근에는 자신이 살아 있는 동안에 디자인할 수 있는 주제가 많이 등장한 것도 사실입니다. 하지만 우주 관측이나 생물 관찰은 오랜 기간에 걸쳐 데이터를 축적해야 무언가를 발견할 수 있는 작업입니다. 천문학 분야에는 그런 주제가 얼마든지 있습니다. 30m 망원경(TMT) 계획으로 시도하려는 일도 그런 예가 되겠지요. 앞으로 몇 세대에 걸친 관측이 전제가 될 수도 있습니다. 과학자들은 TMT를 이용해서 우주의 팽창률을 직접 측정하려 합니다. 방법은 이렇습니다. 어떤 천체까지의 거리를 일단 정밀하게 계측하고, 10년 뒤에 같은 천체의 거리를 재측정합니다. 그 스펙트럼의 미세한 차이로부터 우주팽창을 측정할 수 있어요. 물론 스펙트럼선 하나를 가지고는 알 수 없기 때문에 수많은 선을 이용하게 되는데 관측의 정밀도를 엄청나게 높여야 합니다. 그 과정에서 기술적인 과제에 도전하는 것인데, 10년은 짧으니까 50년 동안 관측하자는 방향이 아니라, 처음부터 50배 정밀하게 관측하자는 방향으로 접근 중입니다. 그래도 오랜 시간이 걸린다는 얘기지요.

천문학의 특징을 한 가지 들자면 실험이 불가능하다는 점입니다. 물리나 화학은 기본적으로 연구자가 시도하기 쉽도록 현상을 분리해서 필요한 변수만 조작하는 실험이 가능합니다. 하지만 우리는 가스 속 무거운 원소의 비율을 바꾸면 어떤 별이 되는지 애초에 실험이 불가능합니다. 지금 보이는 별을 열심히 조사하고, 원소 조성이 다른 별을 또 열심히 조사하고, 그렇게 해서 어떻게든 비교해 보는 수밖에 없단 말이지요. 하나의 은하조차 그 소용돌이를 위에서 보면 어떤 모습인지, 옆에서 보면 어떤 모습인지를 각각 따져야

다양한 기술과 방법을 아우르는 응용력 · 은하천문학

합니다. 전체를 볼 수가 없으니까요. 수많은 은하를 조사해서 그들의 편평도 분포를 파악한 다음에, 은하의 방향을 랜덤으로 가정해놓고 진짜 편평도는 아마 이 정도가 아닐까 하는 추측을 할 뿐입니다. 실험이 불가능하니까 어쨌든 관측을 많이 해서 진실에 다가가야 하는 것이지요.

결국은 의사적(擬似的) 시뮬레이션 모델을 만들어서 풀어가는 작업이 중요하다는 말씀이신데, 시뮬레이션 모델을 만들려면 관측 능력과는 또 다른 의미의 능력이 필요하겠군요?

천문학에서 실험 대신 하는 작업이 시뮬레이션입니다. 이 각도에서 이런 파장으로 보면 이렇게 보일 것이라는 시뮬레이션 모델을 만든 뒤, 그걸 토대로 실제 관측을 하고 검증을 하는 겁니다. 진짜를 만들거나 현상을 재현할 수 없는 이상 시뮬레이션은 유일한 방법입니다. 시뮬레이션 모델을 만드는 데에는 관측 능력과는 또 다른 의미의 능력이 필요한데, 그 방면에서 엄청난 성과를 내는 사람들이 있습니다. 요시다 나오키(吉田直紀)[39]라는 젊은 연구자는 우주 최초의 별이 어떻게 탄생했는지를 시뮬레이션해서 최초의 별이 탄생하는 모습을 상세하게 이론적으로 계산하는 데 성공했습니다. 일

---

39) 도쿄대학 대학원 이학계 연구과 교수. 1973년생. 전공은 시뮬레이션 천문학. 저서로 『우주 137억 년 해독 - 컴퓨터로 탐색하는 역사와 진화』, 『우주 최초의 별은 어떻게 탄생했을까?』 등이 있다.

어날 수 있는 반응을 전부 입력해서 결과를 도출했는데, 사람들이 나중에 보고서 '누구나 하면 되는 일'이라고 생각할지 몰라도 지금껏 아무도 그렇게 하지 못했습니다. 그래서 처음으로 무언가를 이룬 사람이 위대한 것입니다. 앞으로는 시뮬레이션 분야가 더 발전할 겁니다. 요즘 천문학계에서는 컴퓨터가 이론의 망원경이라는 말까지 나옵니다. 그런 의미에서 슈퍼컴퓨터의 중요성도 더 커지고 있습니다. 얼마나 정밀한 모델을 만들어서 좋은 결과를 내는지가 국제적인 경쟁거리가 되고 있기 때문입니다.

천문학이 얼마나 급속도로 발전하고 있는지 이제 실감이 좀 납니다. 이 분야를 연구하고 싶은 젊은이들은 앞으로도 늘 것 같은데, 일본의 천문학이 그런 젊은 인재를 받아들여 육성할 준비가 되어 있다고 보십니까?

천문학계는 지금도 젊은 연구자들의 비율이 매우 높지만 일자리가 한정되어 있다 보니 열심히 노력한 젊은이들이 오랫동안 박사 후 과정(Post Doctor, 박사학위 취득 후 임시직으로 일하는 연구원)이라는 불안정한 상황에 처해 있습니다. 문제가 많지요. 도호쿠대학, 도쿄대학, 나고야(名古屋)대학, 교토대학, 오사카(大阪)대학 등 5개 대학에서 1999년부터 2008년까지 천문 관련으로 박사학위를 취득한 사람이 416명인데, 2008년 시점에 그중의 약 절반이 취직을 했습니다. 자세히 보면 천문 관련 대학 상근직과 민간직이 거의 반반이었습니다. 또 취직을 못한 나머지 중 약 절반은 박사 후 과정인데 그런 식으로 장기간 일하는 사람도 상당수에 이른다는 사실이 조사 결과 밝혀졌습니다. 이런 상황을 개선하려면 학원 내에 천문과 관련한 안정된 직무를 늘리는 것은 물론이고 학원 밖에서도 박사 취득자가 활약할 수 있는 영역을 개척할 필요가 있습니다. 그러려면 천문학이 지금 어떤 주제에 도전 중인지, 연구자들은 어떤 능력을 갈고 닦고 있는지를 세상에 올바르게 알려야겠지요. 천문학이라고 하면, 별만 보고 사는 이미지를 떠올리는 사람들이 많겠지만 요즘은 전혀 그렇지 않습니다. **물리학, 생물학, 컴퓨터 사이언스 등 다양한 분야융합적 지식을 익히고 그것들을 응용하는 능력을 갖추고 있다는 점을 설명해야 합니다.** 천문학과를 나온 우수한 학생들이 사회에 나가서 '나는 천문을 공부했다'고 당당하게 말할 수 있어야 합니다. 또 '천문을 공부한 사람은 역시 다르다!'라는 평가를 받을 수 있도록 우수한 학생을 양성해야 한다는 점은 두말할 나위도 없겠지요.

도쿄대 리더육성 수업 · 과제설정의 사고력

분야 간 융합

　천문학 분야에서 아마추어들의 관심사는 고작해야 '우주의 시작'과 '지적 생명체의 존재' 정도다. '우주의 시작'에 관해서는 빅뱅 가설이 제시한 '팽창하는 우주'와 그것을 증명하는 관측 사실을 통해 일정 해답이 귀결로 정착되었다. 다시 말해 시간을 거슬러 올라가면 우주는 한 점으로 수축된다는 것이다. 우주의 역사를 살피기 위해 학자들은 더 먼 곳을 보려 했다. 때문에 천문학은 다른 과학 분야와 달리 관측 기술과 궤를 같이하며 발전해 왔다.

　16세기에 평생을 바쳐 방대한 천체 관측 기록을 남긴 티코 브라헤, 그 관측 기록을 바탕으로 행성 궤도는 완전한 동그라미가 아니라 타원이라고 주장한 케플러. 그들의 시대는 고대와 마찬가지로 육안에 의존한 시대였고, 종이와 연필로 계산한 과학의 시대였다. 17세기 초반, 갈릴레오 갈릴레이가 망원경을 이용해 달과 목성, 그리고 목성의 위성을 관측함으로써 육안의 시대는 막을 내렸다. 하지만 갈릴레오가 사용한 망원경은 지금 보면 아연실색할 정도로 작은 구경의 렌즈를 썼다. 그 망원경으로 목성을 제대로 관측하기 위해 그는 얼마나 애를 썼을까? 그 후, 망원경은 급속한 발전을 이루었다. 굴절식 망원경, 반사식 망원경이 서로 경쟁을 하면서 구경을 키우기 위한 기술 개발이 이루어졌고, 그 덕에 인류는 점점 더 먼 우주, 더 젊은 우주를 관측할 수 있게 되었다. 동시에 컴퓨터의 고속처리 능력, 가시광선 이외의 전자파를 폭넓게 감지하는 소자, 모델 시뮬레이션 등의 기술을 통해 다양한 해석이 가능해졌고, 관련 기기는 점차 복합적 장치과학으로 진화했다. 하와이의 마우나케아 산정에 있는 직경 8m의 스바루 천문대가 그 전형이다. 국제사회는 가급적 빅뱅에 가까운 시기의 우주를 보기 위해 현재 직경 30m의 반사 망원경 건설 계획을 추진 중이다. 이 망원경은 거대 구조물 건축 기술이 집대성된 총체적 시스템으로 세상일에 초연한 자세로 하늘만 바라보는 천문학자의 이미지와는 거리가 먼 작업 대상이다. 당장에 도움이 되지 않는 일이라도 세상의 이해를 얻어 예산을 따내야 하는 대형 프로젝트는 너무나도 인간적이다. 이런 이야기야말로 천문학이 보여주는 일종의 패러독스가 아닐까 싶다.

이제 다시 장치과학의 진보를 통해 천문학은 우주물리학, 우주생물학 등 기존 천문학의 범위를 뛰어넘는 분야와 융합을 시작했다. 이는 태양계 이외의 항성계에서 지구를 닮은 행성을 대량 발견해 그 지표면의 특성을 분석할 수 있는 시대가 도래했다는 의미이며, 단순한 가설 외에 관측 데이터를 바탕으로 지적 생명체의 존재 가능성을 논의할 여건을 만들었다는 의미이기도 하다. 이 주제는 아마추어들이 떠올릴 수 있는 두 번째 관심사와도 통한다. 그것이 무엇이건 생명체의 존재를 증명할 수 있는 시대가 올지도 모른다. 하지만 지적 생명체가 존재한다는 사실을 밝히기는 어렵지 않을까? '단순한 생명체가 아닌 지적 생명체, 인간과 흡사한 존재까지 확인하려면 무한한 우연의 반복이 필요하며 확률적으로는 한없이 제로에 가깝다'는 것이 미국의 고생물학자 스티븐 J. 굴드(Stephen J. Gould)[40]의 주장이었다. 그의 주장에 따르면 '지구와 같은 행성이 대단히 많고 우주인도 많은데 우리가 우주인을 못 만나는 이유는 무엇일까?'라는 물리학자 엔리코 페르미(Enrico Fermi)[41]의 그 유명한 '페르미의 패러독스'는 이미 패러독스가 아닐 만큼 당연지사가 된 지 오래다.

40] 1941~2002. 미국의 고생물학자로 다윈 이후 최고의 진화생물학자로 꼽힌다. '과학 저술의 계관시인'이라 불릴 만큼 에세이, 저작, TV강의 등을 통해 과학의 대중화에 크게 기여했다. 단속평형설 이론을 통해 진화는 점진적으로 진행된 것이 아니라 오랜 생태계의 평형상태가 짧은 시기에 급격하게 깨지면서 일어난 변화라 주장했다. 대표 저서로 『개체발생과 계통발생(Ontogeny and Phylogency)』, 『원더풀 라이프(wonderful life)』 등이 있다.

41] 1901~1954. 이탈리아 출신 물리학자. 1938년 중성자에 의한 인공방사능 연구를 인정받아 노벨물리학상을 수상하였다. 우리 은하만 해도 지구의 나이보다 수십 억 년이 빠른데 어째서 외계의 고등문명이 지구를 방문하지 않는지 의문이라는 '페르미 패러독스'를 1950년대에 공식적 학문 주제로 제기한 바 있다.

오카무라 선생은 눈부신 기술적 발전과 천문학의 외연 확대가 나타나기 직전에 천문학 연구에 뛰어들어 줄곧 학계를 이끌어온 학자 중 한 사람이다. 지금은 연구뿐 아니라 관측 장치의 거대화, 복잡화 과정의 중심에 서서 도쿄대학이 세계 최초로 출범시킨 수물(數物) 연계 우주연구기구(수학, 물리학, 천문학의 융합을 통해 우주에 대한 근원적 의문을 연구하는 체제)의 운영에도 힘쓰고 있다.

도쿄대학 리더육성 프로그램은 오카무라 선생의 주도 하에 매기(每期) 별밤을 관측한다. 수강생들은 도쿄에서 수 시간 떨어진 산으로 가서 육안으로 보이는 유일한 은하인 안드로메다 은하와 일본인이 오래전부터 좋아한 플레이아데스 성단을 자신의 눈으로 확인한다. 그런 다음 망원경을 이용해 육안으로 보는 것보다 훨씬 별이 많다는 것을 확인하고, 토성, 목성까지 관찰한다. 오카무라 선생이 '이 부근에 안드로메다 은하가 있습니다'라며 하늘을 향해 레이저 포인터를 쏘아 올리면 수강생들은 그 빛이 가리키는 한없이 넓은 하늘을 바라보며 감탄을 연발한다. 희미한 얼룩처럼 보이는 안드로메다 은하를 확인한 사람들은 '보인다, 보인다!' 하면서 천진하게 기뻐하기도 한다. 오카무라 선생의 설명은 사람을 묘하게 끌어들였다. 정신을 차리고 보니 유구한 우주, 수수께끼로 가득 찬 우주, 그에 비해 찰나의 존재에 지나지 않는 우리 생명의 허무함마저 느껴진다. 그 낙차를 어떻게 채우면 좋을지 도무지 가늠할 길이 없다. 하지만 오카무라 선생은 그런 데 개의치 않고 그저 낭랑한 목소리로 설명을 할 뿐이다. 진정 즐거운 마음으로 별을 보는 이 학자의 진심 어린 설명을 듣고 있자면 천문학이 보여 주는 놀라운 세계에 빠져드는 수밖에 달리 도리가 없다.

요코야마 요시노리

현실 구조를
파악하는
디자인력

도쿄대학 대학원 종합문화연구과 준교수

나카지마 다카히로
中 島 隆 博

중국철학

Takahiro Nakajima

나카지마 다카히로

도쿄대학 대학원 종합문화연구과 준교수 / 1964년 출생. 도쿄대학 법학부 졸업. 도쿄대학 대학원 인문과학연구과 중국철학 전공 박사과정 중퇴. 리쓰메이칸(立命館)대학 조교수를 거쳐 현재에 이른다. / 전공은 중국철학, 비교철학. 주요 연구 주제는 중국철학의 탈구축, 철학과 역사, 중국의 언어철학. UTCP(The University of Tokyo Center of Philosophy. 도쿄대학 대학원 종합문화연구과에 설치된 철학 분야 국제 공동 작업을 위한 기관. 2002년에 문부과학성의 21세기 COE 프로그램 '공생을 위한 국제철학교육 연구센터'로 채택된 것을 계기로 발족됨)의 사무국장을 역임 / 저서로『Humanities 철학』,『장자 – 닭이 되어 때를 알려라』,『공생의 프락시스(praxis) – 국가와 종교』 등이 있고 역서로『도덕의 기초를 다지다 – 맹자 vs. 칸트, 루소, 니체』(프랑수아 줄리앙 著, 공역),『세(勢) 효력의 역사 – 중국 문화 횡단』(프랑수아 줄리앙 著),『중국사상사』(안 청 著, 공역) 등이 있다./ 철학, 종교 분야의 젊은 연구자에게 수여되는 나카무라 하지메(中村元) 상을 1993년에 수상한 바 있다.

요코야마 중국철학 전문가를 뵙는다고 생각하니까 왠지 주눅이 듭니다. 더
군다나 선생님께서는 중국뿐 아니라 구미, 일본철학까지도 연구하
는 분이시군요. 연구 분야를 그렇게 확장하게 되신 데는 이유가 있
었을 것 같습니다.

나카지마 중국철학은 한때 일본에서 대단히 활발히 연구되던 분야지
만, 최근에는 완전히 사양길이라고 할까요, 젊은 세대가 쳐다보지도
않는 분야가 되어 버렸습니다. 긍정적, 부정적 측면이 다 있다고 생
각합니다. 우선 부정적인 측면은 지(知)의 계승이라는 점입니다. 사

실 무엇을 연구하느냐에 관해서는 서적을 읽거나 논문을 읽어도 되는데, 어떻게 연구할 것인지에 관해서는 반드시 신체적이고 직접적인 계승이 필요합니다. 그런데 그런 부분이 단절되면 절학(絶學) 즉 연구의 명맥이 끊어질 우려가 있기 때문에 걱정인 거지요. 물론 긍정적인 면도 있습니다. 기존의 길드(guild, 중세 유럽 상인들의 상호부조적 조합)적 연구조직의 논리에서 중국철학을 해방시키고, 그 철학적 가능성을 열 수도 있다는 점입니다. 예를 들어 서양철학을 연구하는 사람이 중국철학으로도 눈길을 돌리면 서양철학이 안고 있는 구조적 아포리아(aporia, 난제)에 대해 중국철학이 새로운 방식을 제시함으로써 또 다른 풍성한 질문을 할 수도 있거든요. 또 일본철학을 연구하는 사람이 중국철학과의 비교라는 넓은 시야를 가지게 되면 그 독자성을 보다 두드러지게 드러낼 수도 있습니다.

　사실 제가 중국뿐 아니라 서양과 일본의 철학을 동시에 연구하는 것은 이처럼 중국철학의 가능성을 더 넓게 열기 위해서이기도 하고, 거꾸로 서양철학과 일본철학을 비판적으로 재검증할 기회를 얻기 위해서이기도 합니다. 한 가지 더 말씀 드린다면 중국철학이건 일본철학이건 그 자체가 세계의 유산이고, 나아가 세계가 안고 있는 액추얼리티(actuality, 실재성)를 구성하는 중요한 요소인 것입니다. 그렇다면 중국철학만, 또는 일본철학만 연구하는 행위는 이 세계에 어떤 형태로건 철학적 책임을 진다는 관점에서 보았을 때 충분치 않다는 얘기가 됩니다. 우리에게는 중국철학, 일본철학, 서양철학이 동시에 다 필요합니다.

도쿄대학의 UTCP라는 기구에서 사무국장을 맡고 계시지요? 철학자들의 국제적 네트워크를 만들어 공동 연구를 하신다고 들었습니다. 구체적으로는 어떤 활동을 하시는지요?

UTCP(The University of Tokyo Center of Philosophy)[42]는 도쿄대학 대학원 종합문화연구과에 설치된 '공생을 위한 국제철학교육 연구센터'의 약칭입니다. 철학 연구와 철학 교육의 국제거점이라 할 수 있어요. 2002년에 문부과학성의 21세기 COE프로그램으로 채택된 뒤 2007년에 글로벌 COE프로그램으로 재채택되어 현재에 이릅니다. UTCP의 특징은 공생이라는 지평 하에 국제적 네트워크를 만들어 오늘날의 사상적 과제를 함께 사고한다는 데 있습니다. **철학을 타인과의 대화의 장으로 되돌리는 작업을 한다고 봐도 좋겠습니다. 바로 그게 철학 본연의 모습이니까 말입니다.** 그러기 위해 UTCP에서는 타인과 나 사이에 존재하는 언어와 문화의 차이에 민감하라고 요구하고, 다양한 차이를 가진 이들이 서로 공생하려면 어떤 조건이 필요한지를 탐구하고 있습니다. 조금 더 구체적으로 부연 설명을 하면 이렇습니다. 근대 철학은 서양이 독점했고, 철학이라는 학문은 대학 안에 제도화된 지식으로 존재했습니다. 하지만 당연히 서양 이외의 지역에서도 사람들은 아주 열심히 철학적 사색을 해 왔고, 대학 이외에도 지식의 역동성은 존재했습니다. 그런

---

4 2) 2012년 4월부터는 종합문화연구과 산하의 '공생을 위한 국제연구센터'로 개편되었다.

의미에서 근대 서양 밖에 존재했던 철학적 사고와 근대 서양의 철학을 만나게 하는 것이야말로 공생의 지평을 여는 작업이 될 거라는 생각을 하는 거지요. 그래서 UTCP에서는 서양철학을 탈구축할 뿐 아니라 중국과 한국, 이슬람의 철학과 서양철학 간에 사상적 교류를 이끌어 내려 합니다. 그런 작업을 통해 새로운 철학의 아레나(arena, 무대)를 만들려는 거지요. **핵심은 '인간'이라는 근대 서양의 개념을 재정의하는 것입니다.** 신을 대신하는 강력한 주체로서의 인간이 아니라 동물, 식물과 함께 살아가는 약한 주체로서의 인간과 그들이 구성하는 사회야말로 UTCP가 가장 관심을 가지는 부분입니다. 그래서 UTCP는 근대의 인간이 획득한 과학기술에 대해서도 비판적인 질문을 던집니다.

중국의 사상이나 철학에 처음 관심을 가진 때는 언제였습니까? 어떤 특별한 계기라도 있었는지요?

중학교 3학년 때였어요. 열넷, 열다섯 살 때는 누구나 다 그렇겠지만 정신적으로 중대한 전기를 맞지 않습니까? 저도 그런 시기를 경험했던 거지요. '나는 앞으로 어떻게 해야 할까?'라는 생각을 하면 숨도 못 쉴 만큼 고통스러웠어요. 찬찬히 생각할 필요가 있겠다 싶어서 온갖 장르의 책을 닥치는 대로 읽었습니다. 그러다가 사상과 철학 책이 좋아져서 서양 쪽 책을 조금씩 읽기 시작했어요. 그런 책을 같이 읽을 친구는 없었습니다. 다들 입시공부에 열심이어서 사상이나 철학 얘기를 해도 받아줄 사람이 없었지요. 혼자 외롭게 공부를 계속했습니다. 점차 서양사상의 패턴을 알 것 같은 느낌이 들 때쯤 뭔가 다른 사고방식은 없을까 찾다가 읽기 시작한 것이 중국사상이었습니다. 아주 오래된 사상부터 읽었는데 아쉽게도 중국사상에 대한 일본의 이해는 너무나도 상투적이어서 하나도 재미가 없는 거예요. 인생에 관한 교훈이나 요즘 말하는 힐링 관련 사상밖에 없었으니까 말입니다. 너무 재미가 없어서 의심을 할 정도였습니다. '이거 다 거짓말 아닐까?' 하고 말이지요. 사실 알고 보면 대단히 재미있는 이야기들인데 일본에서 해석되는 방식이 잘못된 탓에 이렇게 재미없게 소개되고 있는 것 아닐까 하는 생각을 했던 거지요. 물론 당시에는 고전 텍스트를 제대로 읽어낼 힘이 없었기 때문에 새로 나온 책이나 번역서를 읽었어요. 그래도 중국사상을 다시 제대로 읽어야겠다는 생각은 고등학교 때 벌써 했습니다.

근현대 중국에 관한 일본의 연구 방식이 중국사상을 재미없는 내용으로 둔갑시켰다는 걸 지금은 압니다. 메이지 시대(明治, 1868~1912) 이후, 특히 청일전쟁(1894~1895)과 러일전쟁(1904~1905) 이후 일본인은 눈앞의 중국인에 대해 혹평을 했습니다. 예를 들어 '청조 후기 이후의 중국은 완전히 잘못되었다, 중화민국도 잘못되었다, 특정 시기의 중국공산당도 잘못되었다'라는 식으로 아주 낮게 평가했던 겁니다. 그러면서 중국의 고전에 대해서는 서양 문명에 필적한다며 높은 점수를 주었습니다. 오래전의 중국만 대단하다고 추켜세웠던 거지요. 눈앞에 버티고 있는 현실 속 중국은 외면하고 고전만 찬미하는 방식이 일본 전체에 퍼져 있었습니다. 그래서 중국사상 전체의 해석에 왜곡을 불러일으키지 않았나 하는 생각을 하게 되었습니다. 게다가 제2차 세계대전 이전에는 그 대단한 고전을 가장 잘 계승한 곳이 일본이었다며 중국의 고전에 대한 상찬을 자국 상찬에 이용하는 작업까지 이루어지는 형편이었습니다. 2차 대전이 끝나고 나서야 그런 식의 억지가 사라졌지만 중국 고전에 대한 찬미는 여전히 계속되었습니다.

'중국 고전에는 인생을 사는 방법에 관한 지혜가 가득하다', '논어(論語)를 읽어라', '노장(老莊)사상[43]을 보라'는 가르침만 해댔지요. 하지만 노장사상은 만만한 내용이 아닙니다. 대단히 어려워요. 그런데 그 사상을 지극히 단순화해서 '노장사상이란 무위자연(無爲自然)[44]이다'라고 가르쳤고 학교 교과서에도 그렇게 소개 되었습니다. 다시 한 번 말하지만 그리 단순한 내용이 아닙니다. 장자(莊子)에 관해서는 또 어땠느냐? 아주 과격하게 소개했는데, '특정 방식을 통하면 자신이 다른 존재로 변할 수 있다'라거나 '세상의 모습이 뿌리부터 변화한다'는 설명이 난무합니다. 정말이지 무서울 만큼 왜곡

---

43) 도가 사상의 중심인물인 노자(老子, 춘추시대 중기부터 전국시대 초기 BC 580?~480?)와 장자(莊子, 전국시대 중기 BC 370?~280?)의 사상을 바탕으로 이루어진 논변들. 노자는 도가(道家)의 시조로 『노자도덕경(老子道德經)』이라고 불리는 책 『노자(老子)』는 훗날 수많은 주석이 가해져 완성된 도가 사상의 산물로 알려진다. 장자는 수많은 학파가 등장한 시대에 사상이란 것이 성립될 수 있는지를 묻고, 세계와 인간의 관계를 규명하려 했고 저작으로 『장자(莊子)』가 있다.

44) 무위(無爲)란, 억지로 하지 않음으로써 유위(有爲, 국가 통치)해야 한다는 의미이며, 자연(自然)이란, 현실의 생성을 '스스로 그러한 것'으로 이해하는 자세를 가리킨다.

된 카프카적(kafkaesque) 상황이었지요. 하지만 일본인은 그런 난해한 면에는 눈길을 주지 않았습니다. 제 생각에 장자는 일반이 이해하는 것처럼 현실에서 한발 도피한 힐링을 설파한 사람이 아니라 더 심원한 통찰력을 가진 사상가였습니다.

『노자』, 『장자』 등의 고전 텍스트는 평범한 한문 지식으로 읽을 수 있는 내용이 아니지요? 선생님은 언체부터 중국어를 배우셨고, 언제쯤 고전을 읽을 수 있는 단계에 이르셨습니까? 그리고 프랑스에서 중국사상을 가르치신 경력도 있던데 프랑스어는 언제부터 하셨습니까?

중국어를 배우기 시작한 것은 대학에 들어가고 나서부터입니다. 1학년 때 제2외국어로 선택했습니다. 고전 텍스트를 제대로 읽을 수 있게 된 것은 대학원에 가서고요. 고전을 읽으려면 우선은 중국어 고어를 공부해야 합니다. 현대 중국어와는 문체도 다르고, 작법도 다르거든요. 주석이 많으니까 그 주석을 해석하고 나서 본문을 해석하는 이중 작업이 필요하지요. 나름의 훈련을 쌓아야 읽을 수 있어요. 프랑스어는 중국어보다 좀 늦게 시작했습니다. 저희 대학 시절에는 어쨌든 프랑스의 현대사상이 사상계를 석권하고 있었기 때문에 아무래도 무시할 수가 없었습니다. 필요해서 한 공부인데, 읽는 연습부터 했습니다. 언어를 배울 때 서로 다른 언어를 동시에 접하면 습득 속도가 빠르다고들 하는데, 실제 해보니 꼭 그렇지만은 않았습니다. 다만 두 언어의 차이는 확실히 알 수 있었습니다.

사상은 언어 없이는 성립될 수가 없습니다. 그런데 중국어건 프랑스어건 언어는 결국 인위적으로 조합되는 부분이 있어서 그 자체에 이미 인간의 의지 같은 것이 들어 있다고 생각합니다. 그런 의미에서 일본인인 나카지마 선생님께서 중국사상을 프랑스어로 설명할 때 각각의 언어 전환을 어떻게 하셨는지 궁금하지 않을 수가 없습니다.

쉽지 않았지요. 역시 뉘앙스에서 상당한 차이를 나타내니까요. 언어에 따라 개념의 형성 방식도 달라집니다. 일본어의 개념 형성 방식과 프랑스어, 중국어, 또는 영어의 방식은 각기 다릅니다. 사상적, 철학적 질문은 반드시 언어에 의존하기 때문에 중국어의 특성을 이용한 철학적 질문을 그대로 프랑스어로 번역할 수 있는지를 따져 보면 결코 쉽게 '그렇다'는 답을 할 수 없습니다. 대단히 설명적인 결과물이 나올 수밖에 없는 경우도 있습니다. 어떻게든 설명을 해보려 해도 번역할 수 없는 개념도 여럿 있고요. 그래도 정적인 개념은 번역하기가 수월한데, 힘이라든지 변화가 포함되는 개념은 정말이지 어려운 것 같습니다. 예를 들어 중국어에서 '세(勢)'라는 개념은 '권세'라거나 '세력'이라는 의미가 포함되어 있어서 아주 역동적입니다. 그 하나의 단어로 '어떤 포지션이 있고 그로 인해 가능해지는 권력' 또는 '어떤 방향을 향해 가는 역사의 흐름'이라는 서로 다른 사고를 동시에 설명하기도 합니다. 그런 개념을 프랑스어나 영어로 번역하는 작업은 대단히 고통스럽습니다.

하지만 원래 사상이나 철학은 어떤 하나의 단어에만 수렴되는 것이 아닙니다. 중국의 사상가가 발명한 개념이 중국어의 고유성에 갇혀 버린다면 언어의 지배에 안주하는 것밖에 안 됩니다. 사상적, 철학적 개념은 우선은 자국어로 표현되고, 그 다음에는 다른 언어로 번역됨으로써 새로운 의의를 획득하는 법입니다. 예를 들어 프랑스어는 워낙 풍성한 언어다 보니 다른 언어로 표현된 개념도 프랑스어 속에서 재정립시켜 설명을 하면 보편적인 차원으로 공유할 수 있는 경우가 많습니다. 거꾸로 프랑스어로 표현된 개념을 타 언어로 번역하면 보다 적절한 의미에 다가갈 수도 있습니다.

이런 예를 들 수 있습니다. 프랑스의 철학자 질 들뢰즈(Gilles Deleuze)[45]의 '생성[46]'이라는 개념을 이해하기 위해서는 동시대의 프랑스어를 이용해 설명하기보다 어쩌면 고대 중국의 장자가 제시한 '물화(物化)[47]'라는 개념으로 번역하는 편이 더 적절할 수도 있습니다. 번역을 하다 보면 그런 깨달음을 여럿 얻을 수 있습니다. 그런

---

45) 1925~1995. 프랑스의 철학자. 차이와 반복이라는 관점에서 철학을 구축했다. F.가타리 (Pierre-Félix Guattari)와의 공저로 『안티 오이디푸스(L'Anti-Oedipe)』, 『천 개의 고원 (Mille Plateaux)』 등을 발표했다.

46) 불어로는 devenir. '다른 존재로 변화하기', '되기'를 의미하며 『천 개의 고원』에서 전개된 개념이다.

47) 장자가 사용한 개념으로, 어떤 한 존재가 다른 존재로 변화함과 동시에 세계가 변용함을 의미한다.

의미에서 번역이라는 작업은 어떤 언어에서 다른 언어로 옮기는 단순한 치환에 그치지 않고, 어떤 난해한 개념을 다른 언어를 이용해서 이해 가능하게 만들고 구제하는 작업이기도 합니다. 중국사상을 일본어로 설명할 때도 마찬가지인데, 번역하는 과정에서 오히려 일본어가 가지는 다양한 가능성을 발견할 때도 있습니다.

언어가 없으면 사상이 없다는 점과 관련해서도 여쭙겠습니다. 미국의 언어학자 노암 촘스키(Noam Chomsky)[48]는 인간의 뇌 속에는 타고난 보편적 특성, 즉 언어와 관련된 기본적 지식과 규칙이 있다는 가설을 내세웠습니다. 실제로 최근의 뇌과학은 일종의 보편적 원리를 추구하는 방향으로 나가고 있습니다. 거기에 관해서는 어떻게 생각하십니까?

저는 촘스키의 이론에 관해 특별한 견해를 가지고 있지는 않지만, 언어학도 학문적으로는 당연히 다양성을 초월해 보편적 원리를 발견하겠다는 욕구를 품고 있지 않겠습니까? 언어학뿐 아니라 과학도 그럴 것이고, 철학에도 같은 욕망이 있습니다. 철학의 세계에도 그런 통일된 대원리에 도달하고자 하는 사람들이 있었습니다.

---

48) 1928~현재. 미국의 언어학자. 언어의 과학적 이론으로서 생성문법이론을 창시했다. 저서로 『통사구조(Syntactic Structures)』, 『생성문법 이론의 제 문제(Topics in the Theory of Generative Grammar)』 등이 있다. 글로벌 자본주의를 비판하는 등 정치적 발언으로도 유명하다.

예를 들어 독일의 철학자 마르틴 하이데거(Martin Heidegger)[49] 등이 그렇습니다. 그는 존재의 의미를 이해해야 자신이 알파벳 대문자로 나타냈던 '존재', '~임'의 의미를 파악할 수 있다고 생각했습니다. 직접적 관련이었는지 우여곡절 끝에 관련성을 가지게 된 것인지는 논의가 갈리지만 그의 주장은 결국 나치즘과 결부되었습니다. 왜냐하면 보편적 원리는 지배에 대한 욕망과 표리일체인데, 대지와 피에 뿌리를 내리려 했던 나치즘이 그가 내세운 '존재'라는 개념을 현실 세계에서 관철시켜 준다고 보았기 때문입니다.

　　과학이나 철학이 그런 방향을 설정하는 이유는 '의미'라는 병 때문입니다. '궁극적인 의미를 찾고 싶다', '그것만 찾으면 모든 것을 설명할 수 있다'라고 생각하는 거지요. 그런 집착은 거의 종교적 열정에 가깝습니다. 예전에는 보편적인 대원리로 '신의 섭리'만 내세우면 다 설명할 수 있었지만 '신은 없다. 그럼 이제 어떻게 되는 거냐?'라는 것이 근대 이후의 질문입니다. 그렇게 되면 자신이 신처럼 굴려는 욕망이 자연히 높아지지요. 그러다 보면 뭔가 큰 의미를 도출해서 모두를 안심시키겠다는 욕구를 드러내게 되는데, 제가 볼 때 그런 발상은 괜한 짓입니다. 애당초 '존재'라는 단어에 모든 사상이 환원될 리가 없습니다. 그런 식의 대원리를 찾는 단순하고 소박한 방향성은 대단히 위험한 것 같아요. 대원리에 수렴되지 않는 부분

---

49) 1889~1976. 독일의 철학자. 미완의 저서 『존재와 시간(Sein und Zeit)』으로 인간존재의 제 양식을 분류 및 종합하려 시도했다. 프라이부르크 대학교(University of Freiburg)의 총장 직을 맡았다가 나치스 정권과의 관계로 인해 사직한 바 있다.

에 진정한 중요성이 있고, 그 부분을 파고들어야 불확실한 문제를 섬세하게 해결할 수 있을 거라고 저는 보는 거지요. **20세기 후반 들어서 철학의 과제는 지배의 욕망과 결부된 철학에서 어떻게 탈피할 것인가 하는 것이었습니다.** 철학 자체의 지배를 비판적으로 재조명하고 철학이 원래 가지고 있던 유연함을 되찾자는 의미였지요. 대원리보다 중요하게 여겨야 할 것은 역시 다양성이니까 말입니다.

하나의 대원리에서 도출된 다양성이 아니라 몇 가지 작은 원리 속에서 탄생한 다양성이라는 의미로 이해하면 되겠습니까? 생물 다양성이라는 문제와도 관련이 있을지 모르겠습니다. S. J. 굴드[50]라는 진화생물학자는 '생물을 하나의 종으로 환원시키고도 다양성을 이해할 수 있을까?'라는 질문을 던진 다음 '생물의 계통수 그리기는 모든 것을 일정한 방향으로 수렴 시키기 때문에 편견을 만들 뿐'이라고 비판한 바 있습니다. 아무래도 사상적 바탕이 있어야 패러다임의 전환을 이끌어 내는 발상을 할 수 있겠지요?

들뢰즈 같은 철학자는 모든 것이 하나의 절대적 대원리 하에서 '수목(tree)'형으로 전개되는 전통 서양철학의 해석에 대항해 '리좀(rhizome)'형 모델을 제창했습니다. 리좀이란 것은 식물의 줄기가 땅속으로 파고들어 난맥을 이룬 뿌리줄기를 의미하는 말입니다. 그

---

50) 각주 40) 참조

는 이 비유적 표현을 사용함으로써 세상은 중심도, 시작도 끝도 없이 다양한 방향으로 뒤섞여 얽힌 리좀과 같다고 설명했습니다. 리좀형 모델을 통해 기존의 수목형이 내포한 계통화, 위계화된 지배적 지(知)의 구조를 타개하려 했지요.

건축 분야에도 그런 발상이 있습니다. 건축가 크리스토퍼 알렉산더(Christopher Alexander)[51]는 '도시는 나무(tree)가 아니다'라고 말했지요. 도시는 계층적으로 구성되는 수목형 구조가 아니라 다양한 요소가 얽혀 형성되는 세미라티스(semilattice, 그물망) 구조라며 새로운 도시론을 내세운 인물입니다.

사상이건 건축이건 인간이 만들어 내는 것이기 때문에 깊이 파고들면 인간을 어떻게 파악하는가 하는 문제와 마주치게 됩니다. 인간은 결코 수목형 구조로 사고하지 않습니다. 그래서 세상도 수목형 구조로 수렴되지 않지요. 그러니 새로운 모델을 창출하려면 그런 생각을 가지고 출발해야 합니다. 최근의 네트워크 개념도 기본적으로는 그런 방향을 향하고 있지요.

사상사는 '발전'을 반영한다고 보십니까? 일정 순서로 흘러가는 것

---

51) 1936~현재. 주로 미국에서 활약한 오스트리아 빈 출신 건축가. 건축과 도시계획의 포스트모더니즘적 이념을 제창했다. 대표 논문에 「도시는 나무가 아니다(A City is not a tree)」, 대표 저서로 『패턴 랭귀지(pattern language)』가 있다.

이 발전인지 또는 후퇴인지를 논의할 여지가 애초에 있는 걸까요? 중국의 경우는 어떻습니까?

참 재미있는 질문이군요. 저는 중국 고전사상을 체계로서 이해하는 것이 아니라 그 시대에는 무엇이 논쟁거리였는지를 이해하는 데 초점을 맞춥니다. 그런 의미에서 특정 시기에 논쟁을 일으켰던 문제들이 그대로 다음 세대로 넘어가느냐 하면 반드시 그렇지는 않습니다. 오히려 단절되고 망각되는 경향이 강합니다. 다음 세대는 완전히 새로운 문제를 고민하는 겁니다. 그러니 중국사상은 발전이 아니라 '단절', 그리고 '새로운 문제로의 치환'이라는 도식으로 이해할 수 있다고 봅니다. 물론 일관성을 찾아낼 가능성이 없다고 할 수는 없지만, 그 시대 당사자들에게는 일종의 단절된 의식이 있었다고 보는 거지요.

중국의 사상사는 끊임없는 패러다임의 전환이라고 볼 수 있겠군요. 구체적으로는 지금까지 어떤 변화들이 있었습니까?

중국에서는 4세기부터 5세기에 걸쳐 불교가 본격적으로 도입되기 전과 후에 결정적인 변화가 있었습니다. 불교가 유입되었을 때 사람들의 마음에 제일 와 닿은 것은 '구제'라는 개념이었습니다. 사람은 누구나 구제 받는다는 사상은 그때까지 중국사상에서는 상상도 할 수 없었기 때문입니다. 그런데 불교가 들어와서 '당신도 구제

도쿄대 리더육성 수업 · 과제설정의 사고력

받을 수 있다'고 하니 모두 그 말에 빠져들었지요. 그리고 그런 불교의 영향이 있고 난 뒤에 중국의 낡은 사상을 쇄신하겠다고 나선 사람이 12세기의 주희(朱熹)[52]였습니다. 그런데 불교가 들어오기 이전, '구제'라는 개념은 없었어도 중국사상이 일반 서민에게 전혀 관심을 보이지 않은 것은 아니었습니다. 예를 들어 현세 이익적인 언설은 도교가 많이 설파했는데, 도교는 현세의 이익이나 행복을 추구하기 위해서는 어떤 행동을 하면 되는지를 강조하면서 사람들의 삶에 파고들었습니다. 한편 유교는 의례를 만들었습니다. 의례는 생활 속 구석구석에 걸쳐 사고와 행동을 규정하기 때문에 일반 서민에게도 상당한 영향력을 미쳤을 것입니다. 불교가 들어오자 이 사상들은 서로 영향을 주고받게 됩니다. 예를 들어 사후에 인간의 영혼은 어떻게 되는지에 관한 논의가 있습니다. 불교에서는 죽은 후에도 영혼은 있다고 합니다. 그에 대해 중국인은 육체가 없어지면 영혼도 없어진다고 반론합니다. 그러자 이번에는 불교가 재반론을 합니다. '유교의 가르침에 따라 조상을 숭배하면서 사후에 영혼이 없어진다는 것은 말이 되지 않는다. 결국 불교의 세계관과 같은 것이 아니냐?'고 말입니다. 결국 중국의 불교는 그런 과정을 통해 유교적인 부분을 수용하는 모습을 보이게 됩니다. 포교를 위해서지요. 그점이 재미있습니다. 유교는 원래 유교의 모습이 아니고, 불교는 원래

---

52) 1130~1200. 중국 남송의 유학자. 기존의 유교사상을 체계화하고 불교와 도교의 요소를 결합시켜 주자학을 집대성했다. 저서로 『사서집주(四書集註)』 등이 있다.

불교의 모습이 아니게 된 겁니다. 최종적으로는 유교와 불교과 도교, 세 가지 사상이 전부 하나라는 말까지 나옵니다. 그것을 '삼교일치(三敎一致)'라 하지요. 일본의 신불습합(神佛習合, 불교와 토착신앙인 신도(神道)가 결합된 신앙체계)과도 크게 다르지 않습니다.

현재 중국사상은 어떤 상황입니까? 중국에는 현대사상은 없습니까?

지금 중국은 유교로 돌아가려 하고 있습니다. 이유가 몇 가지 있는데, 역시 국가의 레지티머시(Legitimacy, 정통성) 문제가 크다고 봅니다. 무슨 말인가 하면 공산주의만으로는 못 버틴다는 겁니다. 현실적으로 경제면에서는 대전환을 이루었으니 설사 표면적이라 해도 공산주의로 현재 중국의 정통성을 보증하기는 어렵거든요. 그럼 다른 무엇이 남아 있느냐 했을 때, 근대 들어 계속 억압받아 온 유교밖에 없다는 겁니다. 중국에서 근대적인 의미의 철학을 시작한 사람은 후스(胡適)[53]라는 사상가입니다. 그는 미국에서 당시 최첨단 철학이었던 프래그머티즘(Pragmatism, 실용주의)[54]을 배우고 돌아와 베이징(北京)대학 철학과 교수로 초빙되었습니다. 시대적으로 서

---

53) 1891~1962. 근대 중국의 철학자, 문학자. 미국의 철학자 J. 듀이(John Dewey) 아래에서 수학. 국민당을 지지해 중공정부 수립 직전 미국으로 망명했고 1958년에 타이완으로 이주했다. 저서로 『중국철학사 대강(大綱)』, 『백화(白話)문학사』 등이 있다.

54) 현실 삶의 구체적인 행위 속에서 정신 활동이 어떤 역할을 하는지에 중점을 둔 사상. 미국에서 19세기 후반에 나타나 20세기에 발전했다.

양철학의 언설이 지배하는 가운데 후스는 어떻게든 '중국철학'이라는 국민철학을 제창하려 합니다. 미국 유학 시절 배운 실용주의는 그런 생각을 실현하기 위한 강력한 무기가 되어 주었습니다. 서양철학이 가진 특권적인 심원함에 대항할 얕은 철학을 내세워 그것만이 중국에 필요한 사상이라고 주장했지요. 후스는 자기 자신을 깊이가 없다고 평가했습니다. 재미있는 발상인데, 깊이를 부정해서 서양철학의 보편적 이념과 시스템을 뛰어넘으려 한 것입니다.

하지만 결과적으로 그는 중국에 새로운 철학을 탄생시키는 데 실패했습니다. 연구가 생각대로 흘러가지 않아 이도저도 아닌 상태에 머물렀고 결과적으로 오래된 철학 앞에 무릎을 꿇고 말았지요. 오히려 그 이후의 사상가들은 그가 얕은 사상을 추구한 데 대한 반동으로 깊이를 추구하는 데 매달리게 됩니다. 즉 중국의 전통을 재조명함으로써 서양철학보다 훨씬 심오한 중국철학을 만들려고 한 것입니다.

지금 중국에서는 대규모 '유교 프로젝트'가 진행되고 있습니다. 불교에는 다양한 불교경전을 결집시킨 대장경[55]이 있지 않습니까? 바로 그 대장경의 유교 버전을 만들려는 것이 이 프로젝트의 목적입니다. 엄청난 시도지요. 유교라는 이름하에 모두 통합하겠다는 겁니다. 거기에 관련된 사람들이 아주 왕성하게 활약 중이기는

---

55) 불교 경전의 총서. 넓은 의미에서는 한역(漢譯)된 경전이나 그 외의 언어로 된 동종의 문헌군도 총칭하는 말로 쓰인다.

　도쿄대 리더육성 수업 · 과제설정의 사고력

한데, 당장에 철학적으로 새로운 경지를 펼칠 수는 없을 겁니다. 20세기 후반의 세계 철학은 깊이의 지배에서 어떻게 탈피할지를 계속 문제시해 왔는데 그에 반하는 거대이론(grand theory)의 형태로 유교를 몰고 가려 하기 때문에 아무래도 무리가 있을 거예요. 저는 중국사상, 중국철학의 가능성이 유교를 통한 통일성과 보편성 추구에만 있다고는 생각지 않습니다. 보다 유연하고 보다 현실 비판적인 면을 이끌어낼 가능성이 유교에도 있는 만큼 그 부분을 탐구하는 것이 더 중요하다고 보지요.

서두에서 『장자』를 언급하셨는데, 사실 저는 다 읽고 나서도 결론을 얻지 못했거든요. 도대체 어떻게 읽어야 할까요?

저는 나름대로 확고한 스타일이 있습니다. 처음에 말씀드렸다시피 일본이 근대에 했던 방식으로 중국 고전을 상찬하고 추켜세우지 말자는 겁니다. **중국의 사상이 중요한 이유는 비판이 가능하기 때문입니다. 중국 고전은 대화를 하듯이 읽어야 의미가 확장됩니다.** '이상하지 않나?', '전개에 오류가 있어', '질문을 던지는 방법과 해결책이 틀렸네'라는 식으로 대화의 상대로 놓고 존경할 수 있다는 점이 중국사상의 대단한 점입니다. 그러니까 우리는 중국사상을 온 힘을 다해서 비판적으로 독해해야 합니다. 그렇지 않으면 실례예요. 『장자』에는 분명 보편적 의미에서의 결론은 없습니다. 그래서 딱 잘라 말할 수는 없는데, 대화를 하면서 읽으면 알게 되는 부분이 있습니다. 그런 창조적 읽기가 중요합니다.

예를 들면 장자 사상의 근간에 '만물제동(萬物齊同)'이라는 사상이 있습니다. 이에 대해 사람들은 일반적으로 '만물은 모두 동일하다', 다시 말해 '높은 데서 내려다보면 모두 고만고만하다. 만물에는 옳고 그름이 없으며 가능하지도 불가능하지도 않다'고 해석합니다. 그러다 보니 이 생각이 다양성이나 차이를 송두리째 부인한다고 오해를 받아 결국 장자에 대한 평가는 극단적으로 둘로 나뉘는 실정입니다. 바로 그것이 장자에 대한 왜곡된 이해입니다.

하지만 잘 들여다보면 장자는 미세한 차이에 지극히 민감한 사상가임을 알 수 있습니다. 『장자』의 제물론(齊物論) 편에 나오는 호접지몽(胡蝶之夢, 장주(莊周) 즉 장자가 꿈에서 나비가 되었다가 눈을 떠 다시 장주가 되었다는 이야기)이 보여주는 '물화(物化)'가 상징하듯 그 방식이 무엇이건 우리는 변화할 수 있고 그로 인해 세계 전체가 변화할 수 있다는 가능성을 끝까지 추구한 사람이었습니다. 다만 변화라는 것 자체를 풀어서 설명하기란 참으로 어렵습니다. 고대 그리스의 아리스토텔레스 같은 사람에게도 어려운 작업이었으니까요. 사람들은 눈에 보이는 상식 범위에서만 사물을 생각하려 합니다. 그 점을 어떻게든 극복하고 미세한 변화를 기술하기 위해 장자는 다양한 표현을 썼습니다. 그것이 난해함으로 이어졌다고 할 수 있지요.

장자는 도대체 어떤 성격의 인물이었을까요? 사상가에게도 개성, 버릇, 취향이 있을 테고 성격이 좋은 사람, 나쁜 사람이 있을 것 같습니다만.

괴짜였던 것 같아요. 사상가들도 내면세계가 다양하다 보니 온갖 사람이 다 있는데 장자는 그 중에서도 상당한 괴짜였나 봅니다. 부인이 사망했을 때도 큰 북을 울리며 좋아했다는 일화 등을 보면 터무니없는 데가 있었던 것 같아요. 그래도 사상가로 남을 수 있었던 것은 그런 터무니없음이 일정 수준을 넘어섰기 때문이 아닐까요? 어중간해서는 남의 발에 밟히기 일쑤거든요. 배짱이 대단한 기인이었을 겁니다. 하지만 제가 보기에 장자의 가장 큰 매력은 그가 당시 중국문명에 있어서 이방인이었다는 점입니다. 당시의 중국문명은 북방이 중심이었는데 장자는 초나라(楚, 현재의 후베이성(湖北省)과 후난성(湖南省)) 사람이었습니다. 우리 식으로 생각하면 외국인이나 다름없지요. 언어도 달랐을 테니까요. 들뢰즈가 말했던, 고대 그리스의 '외부를 향해 열린 바다 세계의 사상' 같은 이미지 아니었을까요? **그러니까 당시 중국은 이방인이 대거 몰려와서 발언할 수 있는 리좀 방식의 네트워크 세계였다고 할 수 있다는 겁니다.** 이집트 같은 고대 제국과는 전혀 다릅니다. 고대 제국은 수목 형태로 이루어진 히에라르키(Hierarchie, 위계질서)의 세계였습니다. 중국은 대단히 단단한 중앙집권형 제국을 지향했지만 한편으로는 이민족의 침입과 이민족에 의한 통합을 허용한 역사를 가지고 있어서 어떤 의미에서는 수평적 네트워크의 세계이기도 했거든요. 히에라르키와 네트워크 양 측면이 혼재, 공존했던 중국세계에서 장자는 네트워크 세계의 대표이기도 한 것입니다. 장자뿐만 아닙니다. 노자도 그렇습니다. 공자(孔子, BC551~479)도 평생 특정 장소에 매여 살지 않고 풍찬노숙 했던 사람입니다. 사마천(司馬遷, BC145?~86?)도 『사기(史記)』를 쓰기 전에는 중국 전역을 방랑했습니다. 중국사상의 풍성함은 그런 네트워크형 세계 이해를 바탕으로 형성되었다고 생각합니다. 그럼에도 불구하고 중국에서는 왕조의 정통성과 관련한 논의가 끊임없이 이루어졌고 그 과정에서 역시 수목형 통치를 지향하는 움직임이 있었습니다. 그런데 실제 역사를 살펴보면 완전히 통일되고 제대로 수목형 통치가 이루어진 시대는 결코 많지 않습니다. 수목형 통치를 이상으로 여겼지만 현실은 그렇지 않았던 것입니다. 바로 이런 부분에 중국을 색다르게 읽어 내는 중요한 열쇠가 있을 수도 있습니다.

지금의 중국은 경제적인 성장을 배경으로 욕망을 마구 분출하는 것처럼 보입니다.

유럽의 박물관에서 온갖 보물을 봐도 심장이 뛰지 않는다는 사람들도 중국이 이제껏 쌓아온 재보(財寶)를 보면 스케일이 다르다며 감탄합니다. 중국은 근대 들어 온갖 이유로 욕망을 억압하려 했지만 그런 족쇄에 얽매일 이유가 없어지자 이제는 욕망이라는 이름으로 전 세계를 삼키려 드는 상황에 왔다고 할 수 있습니다. 그런데 중국은 욕망을 지배하는 면에서 뛰어난 나라가 아닙니다. 오랜 역사 속에서 중국문명은 인간의 욕망을 통제하는 지혜와 힘을 축적해 왔기 때문입니다. 지금은 근대에 과잉 억압을 한 반동으로 욕망이 과도하게 표출되고 있는 중이라고 봅니다. 그런 점에 비추어 볼 때 현재 우리 사회가 고민해야 하는 부분은 행복이라는 문제입니다. 욕망을 끝없이 채우면 진정한 행복을 얻을 수 있을까요? 아닙니다. 절대 그렇지 않습니다. 그러니 지금은 그 부분을 차분히 생각해야 합니다. 그리스적 또는 스토아(Stoa)적 절제의 미덕[56]을 재조명해도 좋을 시기가 아닐까 합니다.

일본도 1980년대에는 욕망을 마구 분출한 경험이 있지 않습니까? 그래도 거품경제가 일본에게 실패만 안겨 준 것은 아니었습니다. 모두가 반성만 하는데 경제학자나 사회학자들이 거품의 좋았던 부분도 지적해야 한다고 봅니다. 건축 분야만 봐도 거품경기를 거쳤기 때문에 만들 수 있었던 건축물이 있습니다. 그 시절 덕에 일본의 건축이 촌티를 벗고 세계적 일류 건축문화를 구축할 수 있었습니다. 디자인 능력과 감성을 갈고닦을 수 있었다는 의미에서 거품에 좋은 면도 있는 것 아니겠습니까?

확실히 욕망의 역사라는 관점에서 보면 그 시절의 거품을 완전히 부정하는 방식의 반성은 문제가 있을 겁니다. 일본에서 디자

---

56) 그리스에서는 지혜, 용기, 정의와 함께 절제의 미덕을 중시했다. 플라톤의 『국가』를 참조할 것.

인 혁명이 일어난 것은 거품이 한창일 때였습니다. 건축뿐 아니라 조직 디자인, 인간관계 디자인, 나아가 신체 그 자체의 디자인까지도 중요하게 여겨졌지요. 디자인이라는 것은 경험과 실천이라는 면이 크기 때문에 거품 같은 시대를 지나면서 극단적인 경험을 하고 나야 세련되어집니다. 그런 과정을 거쳤기 때문에 우리는 돈을 펑펑 쏟아붓는 것은 '사치'이며 '풍요로움'과는 거리가 먼 행위라는 것을 알게 되었습니다. 아까 절제의 미덕이라는 말을 했는데 그저 절약하고 조촐하게 살자는 이야기가 아니라 인간의 욕망을 한없이 해방시키되 그 한계를 확인하는 헤도니즘(hedonism)을 통해 깨달음을 얻자는 뜻입니다. 그런 의미에서 절제와 헤도니즘은 결코 모순되는 개념이 아닙니다. 헤도니즘을 '쾌락주의'로 번역하면 원래의 의미와는 다른 말이 되어 버립니다. 그리스 철학이 말하는 헤도니즘은 욕망의 해방만을 가리키는 것이 아니라 인간에게는 한도가 있으니 그 속에서 욕망을 충족해야 한다는 개념이지요.

이런 농담이 있습니다. 어떤 남자가 죽어 사후세계에 갔대요. 눈을 떠보니 거기는 온갖 욕망이 충족되는 천국 같은 곳이었답니다. 남자는 희희낙락하며 석 달을 살았는데 그러다 보니 너무 지루한 겁니다. 그래서 그 세계 관리인에게 "천국이 이토록 따분할 줄은 몰랐네요"라고 말을 걸었답니다. 그랬더니 그 관리인이 말하기를 "이런 정신 나간 녀석을 보았나? 여기가 바로 따분지옥이야!" 하더래요. (웃음) 정적이고 고정적인 행복은 없다는 의미 아니겠습니까?

그렇게 생각하면 절제도 계속 하다 보면 긴장감이 생길 텐데, 그로 말미암아 느낄 수 있는 역동성이 좋은 것이겠지요. 쾌락과는 또 다른 행복을 가져다 줄 것 같습니다.

맞습니다. 앞서 나왔던 보편적 원리나 대원리와도 통하는 지점이 있는 이야기입니다. 대원리라는 것은 반드시 확고한 목적과 결부되어 있고 그 때문에 우리에게 정적인 삶을 요구합니다. 게다가 그 목적이 사실은 평범하기도 하기 때문에 그리 세련된 사고라 할 수 없지요. 그런데 산다는 것은 더 역동적이고 인생에는 다양한 가능성이 열려 있기 때문에 우연히 일어난 만남과 사건이 행복을 가져다 줄 수 있는 것입니다. 오히려 우연성에 민감해야 하다는 것이 지금 같은 디자인 시대에는 하나의 윤리가 될 수 있다고 생각합니다.

하버드 비즈니스 스쿨의 학생들에게 일본을 안내하던 사람이 어느 날 상담을 신청하더군요. 일본에 와 보니 길거리를 지나는 사람들의 행동이 어쩌나 세련됐는지 문화 수준이 높은 나라라는 인상을 받았다는 겁니다. 그런데 기업에 가서 이런저런 질문을 했을 때는 이해할 수 없는 멍청한 답변이 돌아왔다고 합니다. 그 괴리감은 대체 뭐냐고 모두들 궁금해했다고 합니다. 결국 일본 기업 사람들에게는 설명 능력이 없고, 그것을 자각하는 능력도 없다는 생각이 듭니다. 그래서 주위에 영향력을 파급할 수 없다는 거지요. 예전에는 '교양'이라는 단어를 썼는데 지금은 그와는 다른 표현이 필요하지 않나 하는 생각을 해 봤습니다.

　　말씀 중에 나온 '문화 수준이 높다'는 부분이 핵심이겠네요. 문제는 그런 기초적 '교양'을 갖추었음에도 불구하고 판단력이나 설명 능력이라는 다른 능력으로 이어지지 않는다는 거겠지요. **중요한 것은 현실을 구성하는 시스템이 무엇인지를 파악하고, 그 속에서 문제를 제대로 분석해서, 가능한 복수의 답을 제시할 수 있는 능력을 갈고 닦는 것입니다.** 과거의 '교양'은 굳이 말하자면 지식을 받아들이는 쪽입니다. 다양한 지식을 균형감 있게 쌓아서 교양인으로 행동했던 거지요. 하지만 지금 요구되는 능력은 그런 것이 아닙니다. **지금 필요한 '교양'은 현실을 구성하는 요소에 대한 디자인 감각입니다.**

　　동감합니다. 확실히 '디자인 능력'이 필요한 것 같습니다. 문제해결(problem solving)이나 해 공간(solution space) 탐색이라는 말로 바꿀 수도 있겠네요. 하지만 그런 디자인은 학문이 아닙니다. 패션이나 장식예술과도 다르지 않습니까? 디자인은 대단히 추상적인 작업인데, 그런 디자인을 기능으로서 가르칠 만한 장이 있을까요?

　　원래는 철학이 담당해야 맞겠지요. 그런데 일본의 철학 교육은 그런 일을 전혀 안 하고 있습니다. 철학사를 개괄하거나 '칸트는 이런 말을 했고 헤겔은 이런 말을 했다'는 내용을 가르치지요. 저는 사실 마이클 샌델(Michael Sandel)[57] 교수의 하버드 강의가 폭발적 인기를 끌었다는 게 참 신기합니다. 그 사람이 특수한 이야기를 한 게 아니거든요. 철학 교육으로서는 지극히 당연한 것들을 담담하게 이야기했을 뿐입니다. 저도 능력은 모자라지만 그런 문제설정, 문제 해결형 철학 교육을 실천하기 위해 여러 가지 시도를 하고 있습니다. 예를 들면 중국사상의 경우 고대로부터 역사를 따라 가르치면 참 따분합니다. 제가 그런 식으로 중국철학사를 가르치는 모습을 떠올리기만 해도 따분해요. 그래서 역사적으로 아주 생생한 논의가 있었던 지점을 찾아서 그 논쟁적 상황을 정확히 짚은 다음, 현대적 관점에서 어떤 의미가 있는지를 따져보게 합니다. '여러분이 이런 상황에 처해 있다면 이 논쟁을 어떻게 받아들이겠느냐?'라는 방식으로 생각할 것을 요구하지요. 그렇게 사고를 쌓아가는 프락시스(praxis, 그리스어로 '실천, 실행'이라는 의미)가 필요하니까요.

저는 사실 그런 과제설정, 문제해결형 프락시스의 경험을 중고등학생 때 해야 한다고 생각합니다. 그랬으면 일본의 상황이 크게 변했을 겁니다. '사물을 생각한다는 것이 이런 것이구나', '사물을 이해하고 질문을 던져서 문제를 설정하는 일이 이런 것이구나'를 알게 될 테니까 말입니다. 중고등학생은 그런 데 대한 궁금증이 있습니

57] 1953~현재. 미국의 정치철학자. 공동체주의(communitarianism)의 대표주자. 한국에서 『정의란 무엇인가(Justice)』라는 책으로 선풍적인 인기를 끈 것처럼 일본에서는 NHK가 하버드 대학교의 강의를 직접 프로그램으로 제작, 방영해 정치철학 돌풍을 일으켰다. 학생들에게 문제를 던지고 논의를 끌어내면서 이론을 전개하는 스타일로 유명하다.

다. 윤리 교과서에 나와 있는 내용을 외우고 '괄호 안을 메우시오', '보기 중에서 고르시오' 같은 것을 하고 싶겠습니까? 자신들에게 더 깊이 관련된 문제가 있고, 훗날 자신들이 결정해야 하는 국면이 있다는 것을 아이들은 알고 있습니다. 거기에 대한 준비로 스스로 생각하는 연습을 시키는 것이 중요합니다.

하지만 그러려면 현재의 수업 중에 깊이 뿌리박힌 '교양'을 뛰어넘는 관점과, 균형감(perspective)을 지닌 교사가 필요합니다. 교과서에 쓰인 내용의 배후에 다양한 질문의 역사가 있고 그것이 겹겹이 쌓여서 우리의 현실과도 결부되어 있음을 보여 줘야 합니다. 사실 교사의 수준이 높지 않으면 불가능한 일일 수도 있습니다. 예를 들어 스포츠를 가르칠 때 서툰 지도자는 자신이 이해한 내용을 억지로 익히게 하고 열심히 하자는 말만 합니다. 그게 아니라 그 스포츠의 특징을 어떻게 보여 주는지가 중요하고, 그 안에 어떤 단계가 있는지, 학생이 어디까지 와 있는지를 알려 주어야 합니다. '너의 움직임은 이러하지만 그와는 다른 움직임도 사실은 가능한데, 구체적으로는 이런 식이다'라는 이미지를 주어야 합니다. 그게 중요해요. 그러려면 교사부터 트레이닝 시켜야 할 수도 있습니다. 그리 되어야 다음 세대가 더 의젓하고 유연한 사고와 판단을 할 수 있게 될 겁니다. 우리의 역할이 작지 않습니다.

패러독스의 수용

나카지마 교수와의 대화를 끝내고 나니 온갖 분야를 망라한 느낌이 들었다. 게다가 필자의 관심사와 겹치는 부분이 많아 분위기는 금세 달아올랐다. 선생의 원래 전공 분야인 중국사상, 유교, 장자, 후스에 그치지 않고 프랑스 철학, 대원리의 추구, 다양성, 양의성(兩義性), 디자인 감각, 일본의 강점, 일본의 인재육성 등 이야기를 해도 해도 대화 소재는 샘솟았다. 그는 '중국철학 연구자'라 하면 흔히 떠올릴 만한 이미지의 학자가 아니라 현대인으로서의 문제의식과 생활 감각을 가지고 형식에 얽매이지 않고 사고하는 연구자다.

철학은 필자가 내세울 수 있는 분야는 아니지만 필자는 개인적으로 양의성, 패러독스(paradox, 역설), 모순어법(oxymoron), 암묵지(暗默知, 체화되어 있으나 명문화하기 어려운 지식) 같은 주제에 관심이 있다. 만물을 끝까지 파고들면 세상이 그런 요소들로 구성되어 있지 않을까 생각한다. 모순어법만 봐도 그렇다. 생명의 본질은 '거의 완벽하지만 완벽하지 않고, 완벽하지 않으나 거의 완벽함'이라 한다. 결정처럼 완벽한 구조라면 변화하지 않으니 역동성이 없을 것이다. 하지만 생명은 그렇지 않다. 다시 말해 '안정적이지만 변화하고 변화하지만 안정적인 것'이 생명이다. 이것이 모순어법적 생명의 본질이다. 인간의 활동도 생명현상의 한 형태이기 때문에 같은 측면을 내포하고 있다. 개인적으로는 이런 주제를 다루는 것이 철학의 중요한 측면이 아닐까 생각한다. 하지만 당연하게도 그러한 사고가 언어를 통해 이루어지기에는 일종의 한계가 있다.

　나카지마 선생의 저서 『장자, 닭이 되어 때를 알려라』에 '뜻(意)을 전하기 위해 말(言)은 필요하지만 말(言)은 동시에 뜻(意)을 해친다'라는 단락이 있다. 그야말로 패러독스다. 필자의 해석으로는 '디자인'처럼 원래 말로 설명할 수 없지만 '암묵지'로서는 이해하기 쉬운 것이 '언어'를 통하게 되면 이해할 수 없어지는 경우가 그 예일 듯하다. 그런 말(言)에 관련된 난제에 대해 굳이 가능한 일을 꼽자면 복수의 언어를 통해 그 개념에 접근하는 방식 아닐까? 나카지마 선생은 중국어, 프랑스어, 영어를 구사할 수 있다. '중국사상을 일본어 또는 기타 언어로 번역하지 않는다. 각각의 언어에 특성이 있기 때문에 번역에 고민이 필요하다'는 말씀을 하셨는데 그런 자세야말로 개개의 언어가 가진 제약을 뛰어넘는 사고방법일 것이다. 예를 들어 '양의성'이라는 단어를 일영사전에서 찾으면 ambiguity라고 나온다. 그리고 ambiguity를 영일사전에서 찾으면 '애매함'이라고 나온다. 필자가 생각하기에 '양의성'과 '애매함'은 기본적으로 다른 개념이다. 하지만 사전식 접근을 할 경우 그 차이는 소실되어 버린다. 따라서 '양의성'을 몇 가지 단어로 보완해야만 하는 것이 번역의 어려움일 것이다. 한편 서양적인 사고에 있어서 '양의성'이란 '애매함'일 것이다. 그런 서양적 사고가 20세기 초반에 획득한 결론이 양자역학의 세계에 등장하는 상보성(相補性)이다. 빛은 입자이며 동시에 파동이다. '상보성'이란 덴마크의 물리학자 닐스 보어(Niels Bohr, 1885~1962)가 처음 사용한 용어인데 그야말로 '양의성'과 합치되는 개념이다. 명쾌해야 할 서양의 과학적 사고가 도달한 지점이 '애매함'이었다는 것이 패러독스가 아니고 무엇인가?

패러독스를 받아들이는 유연성이야말로 기존의 도그마(dogma, 절대적 권위를 갖는 철학적 명제)에 얽매이지 않는 사고방법이다. 나카지마 선생의 이야기에서 구구절절 그런 사고를 엿볼 수 있었다. 예를 들어 대원리를 추구하는 사고에 대한 부정적인 견해가 그렇다. 또 중국을 바라볼 때 고대 중국은 훌륭하고 현대 중국은 잘못되었다는 경직된 연구태도에 대한 비판도 그러하다. 선생은 현대 중국을 있는 그대로 긍정하는 것이 아니라 그런 발상 자체를 뛰어넘는 사고방식까지도 보여 주셨다. 나카지마 선생은 세상이 말하는 인텔리지만 인텔리의 몸에 인텔리의 머리를 한 인물이 아니다.

자세히 보니 우람하고 튼튼한 몸의 소유자다. 고대 로마 시대의 풍자시인 유베날리스(Juvenalis, 50?~130?)는 '건전한 정신은 건전한 신체에 깃든다'라고 말하지 않고 '건전한 정신을 건전한 신체에 깃들게 하라'라고 기원했다 한다. 현실이 왕왕 그렇지 못한 것은 고대 로마시대나 현대나 마찬가지다. 그런데 나카지마 선생은 강건한 신체에 유연한 정신의 두뇌를 갖춘 인물이다. 그래서 국제적으로 존재감 있는 활약을 펼칠 수 있는 것 같다.

요코야마 요시노리

근원적이고
논리적으로
이해하는 힘

도쿄대학 물성(物性)연구소장. 교수

이에 야스히로

家 泰 弘

물성과학

Yasuhiro Iye

이에 야스히로

도쿄대학 물성연구소 소장·교수 / 1951년생. 도쿄대학 이학부 졸업. 동 대학 이학계 대학원 물리학 전공 박사과정 수료. 도쿄대학 물성연구소 조수. 미국 MIT 객원 연구원, 미국 AT&T Bell Laboratories 연구원, 미국 IBM T. J. Watson Research Center 객원 연구원, 도쿄대학 물성연구소 응축계 물성부문 조교수, 동 교수, 동 연구소 나노스케일 물성연구부문 교수 등을 거쳐 현재에 이른다. 문부성 학술조사관, 문부과학성 과학기술·학술심의회 전문위원, 일본학술회의 제3부(이학·공학) 부장 겸임 / 전공은 물성과학. 주된 연구 주제는 인공 저차원 전자계의 양자 수송(量子 輸送) 현상. 반도체 및 금속으로 이루어진 인공 물질계의 양자 수송 현상을 연구한다. / 저서로『초전도(超傳導)』,『양자 수송 현상』,『물성 물리』등이 있고, 역서로『인간이 원숭이, 컴퓨터와 다른 진짜 이유 – 과학이 밝히는 뇌·의식·지능의 정체』(제임스 트레필 著),『당신이 핫도그가 된다면 – 스케일로 보는 과학』(로버트 에리치 著),『자연의 구조 백과 – 우주에서 DNA까지』(제임스 트레필 著) 등 다수가 있다. 그 외에 국내외에서 학술논문을 다수 발표했다. / 1993년 일본 IBM 과학상, 2007년 일본 물리학회 논문상을 수상한 바 있다.

반도체, 자기 하드디스크, 광섬유 등 하이테크 기기의 개발은
'물성과학'의 발견에 힘입은 바 크다.
이 분야에서 세계적 성과를 올리고 있는 연구자의 목표는 무엇일까?
문부과학성의 학술정책에도 깊이 간여해 온 그에게
정부와 대학이 안고 있는 이 시대의 과제에 관해 물었다.

요코야마 이에 선생님께서는 40년에 가까운 기간 동안 '물성과학' 분야에서
성과를 내셨고 현재는 도쿄대학의 물성연구소 소장으로서 큰 역
할을 하고 계십니다. 그런데 물성과학은 아직 일반인에게 익숙지
않은 단어입니다. 무엇을 연구하는 학문인지 먼저 설명해 주시겠습
니까?

이에 물성과학은 '물(物)의 성질'에 관해 연구하는 학문입니다. 글
자 그대로지요? 그런데 이런 학문 분야가 존재한다는 사실 자체를
모르는 분들이 많습니다. 그래서 일반인 대상 강의 등에서는 수강

자들이 과학적 지식을 얼마나 알고 있는지를 모르면 어디서부터 설명해야 할지 난감한 상황이 발생하지요. 그래서 저는 매번 이런 질문을 던집니다. 처음에는 "원소주기율표를 아느냐?"고 묻습니다. 주기율표는 중고등학생 때 배우지 않습니까? "수헬리베(H, He, Li, Be), 붕탄질산(B, C, N, O)……"이라는 암기법 정도는 기억한다는 답까지 포함해서 대부분 주기율표 정도는 안다고 하지요. 그럼 두 번째 질문으로 "주기율표가 그렇게 생긴 이유를 말로 간단히 설명할 수 있느냐?"라고 묻습니다. 그러면 정확히 설명할 수 있는 사람은 기업에서도 기술계통 사람들 정도로 줄어들어요. 물론 답을 하는 사람들 중에는 주기율표라는 단어 자체를 이해하지 못하거나 기억을 더듬어가면서 말하는 분들도 계십니다. 정확하게 '원소는 화학적 성질로 종류를 구분할 수 있는데, 그 화학적 성질이란 원자핵의 가장 외곽에 있는 전자수로 결정된다'라고 설명할 수 있으면 그 사람은 과학적 배경이 탄탄하다고 판단할 수 있습니다. 그런 부분을 확인하고 난 다음에야 '그럼 물성이란 무엇인가?'라는 이야기로 넘어가게 됩니다.

물질에는 다양한 성질이 있습니다. 예를 들어 다이아몬드는 같은 탄소로 만들어진 흑연과 왜 성질이 다른가? 철은 자석이 되는데 알루미늄은 왜 자석이 안 되는가? 물성과학은 그런 신기한 부분들을 1나노미터(10억 분의 1미터) 크기의 원자로부터 밝혀내는 학문입니다. **다시 말해 물질의 다양한 성질을 미시적 관점에서 연구하는 물리학의 한 분야지요.** 그 배경에는 자연계를 근원적이고 논리적으로 이해하겠다는 물리학의 기본정신이 있다고 할 수 있습니다.

물성과학이라는 학문은 언제부터 있었고, 어떻게 발전되어 왔나요?

'물성론' 또는 '물성물리학'이라는 말은 예전부터 썼지만 일본에서 학문으로 발전한 것은 1940년대 들어서입니다. 당시의 주제는 자성(磁性)과 빛이었습니다. 이 분야의 영원한 주제이기도 하지요. 지금은 작은 문제로 취급받지만 1940년대 후반부터 1960년대에는 이온결정의 '색 중심' 연구 등이 활발했습니다. 투명하고 아름다운 결정에 불순물이 들어가면 색이 생깁니다. 빛이 결정에 입사될 때 그 결정의 원자 배열에 결함이 있으면 특정 색의 빛만 흡수되기 때문에 결정에 색이 들어 보이거든요. 그런 결함을 색 중심이라 부릅니다. 루비나 사파이어 같은 결정도 알고 보면 알루미나(Alumina, 알루미늄 산화물)예요. 거기에 불순물로 아주 소량의 크롬이 혼입되면 붉은 루비가 되고, 철이나 티탄이 혼입되면 푸른색 또는 초록색 사파이어가 되지요. 일본은 그 분야에서는 선구적인 업적을 올린 바 있습니다.

60년대에는 메이저(Maser)라는 전자기파 증폭기가 발명되었고, 메이저 기술을 바탕으로 레이저(Laser)가 만들어졌습니다. 레이저의 첫 글자는 빛(Light)의 L자입니다. 둘 다 전자파의 일종이지만 물질에 어떻게 흡수되는지, 물질에서 어떻게 발산되는지를 보면 레이저는 아주 독특한 성질을 보입니다. 레이저라는 것은 단일 진동수의 단순한 빛이에요. 태양광의 경우, 프리즘으로 분광을 하면 일곱 가지 색으로 나뉘지 않습니까? 그건 다양한 파장과 진동수의 빛이 섞여 있다는 의미예요. 그에 비해 레이저는 단일 진동수의 빛인데다가 전체 원자가 일사분란하게 움직이기 때문에 빛을 다른 피사체에 쏠 경우에도 확산되거나 하지 않고 일직선으로 나아가는 등 여러 가지 놀라운 특성을 보여 줍니다. 그래서 응용 범위가 대단히 넓은 것이지요. 최근에는 반도체 레이저라는 것이 다양한 시스템에서 이용되고 있습니다. 주변에서 쉽게 볼 수 있는 CD, DVD 등의 기록장치, 슈퍼마켓 계산대의 스캐너, 도로의 측량계, 광통신에 이용되는 광섬유 등에도 활용됩니다. 레이저는 발견 당시만 해도 그저 '재미있는 빛'이라고 여겨졌지만, 시간이 갈수록 용도가 서서히 늘어났습니다.

당초에는 용도와 무관하게 발견되었군요. 그래서 레이저 연구는 일단락되었습니까? 지금은 새로운 주제가 나왔나요?

레이저 연구에는 여러 방향이 있는데 가시광선 영역의 레이저는 이미 엄청난 발전을 이루었습니다. 지금은 돈만 내면 고성능 레이저를 구입할 수 있는 상황이에요. 하지만 가시광선에서 벗어난 파장이 짧은 빛, 즉 자외선이나 엑스선 영역의 레이저는 아직 발전 중입니다. 제가 소속된 물성연구소에도 활발하게 연구 중인 그룹이 있습니다. 한편 파장이 긴 원적외선, 또는 테라헤르츠(Terahertz)라는 전자파는 앞으로 개척해야 할 영역입니다. 레이저는 앞서 말씀드렸다시피 성질이 일정합니다. 원래 전자파는 전기장(電氣場)과 자기장(磁氣場)의 진동을 다 나타내는데, 레이저의 빛다발은 전체가 동일한 성질을 나타내다 보니 전기장적으로 대단히 강한 강도를 나타냅니다. 그런 성질을 극대화하다 보니 점점 강한 레이저가 개발되고 있습니다. 그래서 아주 강한 전기장 하에서만 볼 수 있는 물리현상을 일으킬 수 있게 되었습니다. 기존에는 없었던 현상이지만, 이제 레이저를 써서 핵융합을 일으킬 수도 있게 되었지요. 그러니까 앞으로는 대단히 강한 전자장 속에 원자를 두었을 때 어떤 일이 일어나는지에 관한 연구의 가능성이 생긴 것입니다.

그러니까 물성과학 분야는 우선 기초적 발견과 학술적 전개가 이루어진 다음에, 그 바탕 위에서 응용을 고려하는 패턴으로 연구가 진행되는군요?

그렇습니다. 현재 응용 단계에 들어간 물질의 대부분은 처음부터 그렇게 이용할 생각으로 개발된 것이 아닙니다. 그렇지만 사회 곳곳에서 우리는 물성과학의 다양한 성과를 활용하고 있습니다. PC의 부품은 반도체 속 전자의 움직임을 이용한 것이고, 자기 하드디스크는 자성체의 방향으로 정보를 기억합니다. 그 외에도 휴대전화 및 위성통신에 이용되는 고이동도(高移動度) 트랜지스터, 스바루 망원경에서도 이용되는 CCD 카메라[58], 의학 검사에 이용하는 자기공

58] 각주 27) 참조

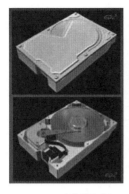
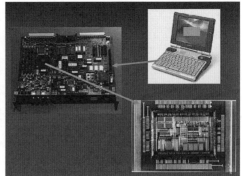

자기 하드디스크 　　　　　　　　　　　　　　　　　반도체

명영상(MRI)[59] 장치 등 현대를 살아가는 사람들은 매일 물성과학
의 성과를 누리고 있지요.

우리 모두가 과학기술의 성과 덕에 편리한 생활을 누리고 있습니다
만, 마치 그와 반비례하기라도 하듯 그 편리한 기기나 기능이 어떤
원리로 작동되는지에 관해서는 점점 무신경해지는 것 같습니다.

이미 과학과 기술은 '누군가 다른 사람이 해 주는 것'이 되어
버렸습니다. 과학적 지식을 토대로 침착하게 판단하고 선택해야 할
중대 사항이 엄청나게 많은데도 불구하고 스스로 알려고 하지 않

59] 전자파를 이용해 체내 등의 화상을 촬영하는 방법. 상세한 내용은 각주 74) 참조

기 때문에 언론을 맹종하거나 정서적 판단에 빠지는 겁니다. **과학을 전공하지 않은 사람도 과학 지식을 갖추어야 한다는 의미에서 저는 '문리양도(文理兩道)'를 역설합니다.** 도쿄대학에서는 '학술 부감(俯瞰) 강의'라는 분야융합적 강의를 개최하고 있습니다. 이 강의는 학부 1, 2학년생에게 각각의 분야가 다른 분야와 어떻게 관계를 맺고, 더 넓은 학문영역 속에서 어떻게 자리매김하는지를 파악하도록 하여 배움에 대한 동기부여를 더 확실하게 하려는 목적을 가지고 있습니다. 이 강의에서는 자극을 준다는 의미로 특히 문과 계열 학생에게 '문리양도'를 권하지요. 예를 들면, 도쿄대학의 문과 계열에는 입시 수학에서 만점을 받은 학생이 많습니다. 하지만 몇 년 지나면 자기 전공 공부만 하다 보니까 알고 있던 과학 지식을 점점 잊어버립니다. 그러기 전에 지식의 큰 체계와 구조를 보여 주자는 것입니다. 성인이 되고 나서도 물리학 같은 과학을 배우는 의미가 크다고 생각합니다. 과학을 전공하지 않은 사람이 물리학 등을 배우면 '상식을 갖출 수' 있거든요. 예를 들어 에너지 보존법칙[60]이라는 과학 원리에 반하는 초자연 현상을 보고 직관적으로 기이하게 여길 수 있게 된다는 이야깁니다. 건전한 회의론(懷疑論)이라 해도 좋겠지요.

어느 시대에나 인류에게 사이언스 리터러시(Science Literacy)는 중

---

[60] 외부의 영향을 받지 않는 닫힌 시스템의 경우 내부에서 어떤 물리적, 화학적 변화가 일어나더라도 에너지 총량은 불변한다는 법칙. 무에서 에너지를 창조할 수 없음을 밝힌 원리다.

요한 소양 중 하나였지만, 요구받는 질에 있어서는 20세기 들어 극적인 변화가 있었습니다. 예전에는 '원리는 모르겠지만 이렇게 되는 것'이라는 경험칙으로서의 기술이 먼저 존재했고, 나중에 가서야 '원리는 이러이러하다'라고 과학이 해명하는 흐름이 일반적이었습니다. 그런데 언제부턴가 그 순서가 역전되어 과학적인 발견이 먼저 이루어지고, 거기서부터 기술의 응용이 고려되는 방식으로 바뀌었습니다. 원자력이나 유기화학 등이 그렇고 물성과학은 전형적인 예라고 하겠습니다.

현대에 들어 그런 두 가지 흐름이 뒤섞인 것 같습니다. 방금 말씀하신 대로 예전부터 자주 보던 현상이 나중에 학문적으로 메커니즘이 해명되는 사례가 첫 번째이고, 기초적인 연구를 하다 보니까 생각지도 않게 응용의 길이 열리는 사례가 두 번째입니다. 일반인에게 사이언스 리터러시란 전자의 흐름을 제대로 파악하고 어떤 현상 또는 기술을 과학 지식에 입각해서 보는 소양일 것입니다. 그런 소양을 갖추면 비논리적이고 신비주의적인 이야기에 속지 않습니다. 후자의 흐름은 물리를 전공하는 과학자들이 연구 활동에서 느끼는 참맛이라고 할 수 있습니다. 기초적 연구 성과를 기술로 발전시키는 것 이상으로 물질의 성질을 새로 밝히는 작업은 '상식을 깨는' 쾌감을 주지요.

물성과학 분야는 앞으로 어떻게 그 외연을 확장해 나갈까요?

2011년은 초전도(超傳導)[61]를 발견한 지 딱 100년이 되는 해였습니다. 1908년에 네덜란드 레이던 대학교(Leiden University)의 카메를링 오네스(Kamerlingh Onnes)[62]라는 물리학자가 헬륨의 액화에 최초로 성공했습니다. 절대온도[63]로 4.2K에서 말입니다. 이후 다양한 금속을 냉각시켜 극저온에서 전기저항이 얼마나 되는지를 측정했습니다. 그러다가 1911년에 4.2K 부근에서 수은의 전기저항이 갑자기 소멸된다는 사실을 발견합니다. 조수가 "선생님, 정말 이상해요. 전기저항이 제로가 됐어요"라고 보고를 하자 "실험이 잘못됐겠지. 다시 해 봐"라고 지시했다고 합니다. 그런데 몇 번을 해도 같은 결과가 나오니까 정말 전기저항이 없어졌다는 것을 깨달은 거지요. 초전도 현상을 발견한 순간이 그랬다는 겁니다. 그 후 다른 물질에서도 초전도가 일어난다는 것을 확인하고 그들 물질을 전선에 이용하는 기술이 생겼습니다. 나아가 강력한 자석을 만드는 데까지 응용 범위가 넓어졌지요. 초전도 현상을 발견한 후 응용을 하기까지는 50년이 걸렸습니다. 지금은 전선 재료로 니오븀-티타늄(NbTi) 합금이나 니오븀-주석 합금이 주로 사용됩니다.

1986년에는 동산화물이 기존에 비해 현격히 높은 온도에서

---

61) 금속, 합금, 화합물을 극저온으로 냉각했을 때 전기저항이 소실되는 현상.

62) 1853~1926. 네덜란드의 물리학자. 헬륨의 액화, 초전도 발견 등 저온 물리학의 선구자로 유명하다. 1913년에 노벨 물리학상을 수상했다.

63) 원자·분자의 열운동이 완전히 없어진다고 생각되는 온도를 0도로 정하고, 눈금 간격을 섭씨와 같게 만든 온도. K(켈빈)를 붙여 표시한다. 섭씨 t도, 절대온도 T도의 사이에는 T=t+273.15의 관계가 성립한다.

초전도성을 나타낸다는 사실이 발견되면서 고온초전도 열풍이 일어났습니다. 고온이라고 하면 오해하실 수도 있는데, 대략 섭씨 마이너스 200~100도 정도를 말합니다. 그래도 액화질소로 냉각할 수 있는 온도니까 획기적이었지요. 하지만 송전 등 대규모 응용을 고려한다면 역시 실온이라야 합니다. 그래서 고온초전도는 응용 범위가 아직 한정적입니다.

그럼 물성과학에서 새로운 현상이 발견되고 그것이 실용화되기까지는 25년에서 50년 정도가 걸린다고 보면 되겠습니까?

그 정도 시간이 전형적인데, 반대인 경우도 있어요. 예를 들어 하드디스크의 경우는 요즘 용량이 엄청나게 늘었지 않습니까? 100기가바이트 수준의 자기디스크를 읽어 내는 데 쓰이는 헤드에는 거대 자기 저항 소자라는 소자가 사용되는데, 그건 1980년대 후반에 발견됐습니다. 노벨상 후보에도 올랐지요. 대단히 기초적인 물성이 발견되고 나서 몇 년 내에 바로 실용화된 사례입니다. 그렇게 몇 년 안에 사회에 피드백 되는 경우도 있습니다. 하지만 50년, 100년이 걸리는 경우도 있고, 전혀 실용으로 이어지지 않는 경우도 있지요. 실제로 학문적으로는 재미있어도 현실적인 의미에서는 도움이 안 되겠다 싶은 발견도 엄청나게 많습니다.

저는 도쿄대학 리더육성 프로그램 수강생들은 어떤 분야건 간에

"이게 무슨 도움이 되나요?"라는 질문은 안 했으면 좋겠습니다. 특히 물성과학 같은 학문 분야에서는 새로운 사실이 발견됨으로써 물질을 보는 관점과 사고방식이 달라지지요. 그것만으로도 대단하다고 생각했으면 좋겠다는 바람이 있습니다.

처음에 주기율표 이야기를 했는데, 모든 물질은 원자로 이루어져 있습니다. 세상에는 100종류가 넘는 원소가 있고, 이 원소들이 이리저리 조합되어 물질을 이룹니다. 그 조합은 무한하다고 해도 좋을 정도로 많고, 그 조합의 수만큼 물질이 존재하지요. 화학 분야에서 그 존재가 알려진 물질은 실로 많습니다. 하지만 물질로서는 알려져 있어도 그것이 실제 어떤 성질을 나타내는지는 모르는, 또는 완전하게 조사되지 않은 물질도 얼마든지 있습니다. 그러니까 조사하는 과정에서 생각지도 않은 행운이 줄줄이 터질 때도 있지요. 그 좋은 예가 초전도체 MgB2(이붕화 마그네슘)입니다. 붕소 두 개와 마그네슘으로 이루어진 극히 단순한 물질이고 이미 많이 알려져 있었거든요. 그런데 조사를 하다 보니까 이 물질이 절대온도 40K에서 초전도를 일으켰습니다. 벌써 10년 이상 된 이야기인데, 아오야마(靑山)학원대학의 아키미쓰 준(秋光純)[64] 교수 팀에서 졸업논문 연구를 하던 학생이 발견했지요. 주변에 아주 흔한 물질이 상상도 못한 성질을 보여 준 사례입니다. 그런 일이 일어난다는 데에 물성과학의

---

64) 아오야마 학원대학 이공학부 교수. 전공은 개체물리(초전도, 자성).

재미가 있는 겁니다. 앞으로 놀랄 만한 성질을 가진 물질이 발견될 가능성은 더 큽니다. 온도, 압력, 자장 등 다양한 환경을 변화시키면 하나의 물질이 전혀 다른 성질을 나타내는 경우가 있기 때문입니다. 그래서 물질 안에서 대체 어떤 일이 일어나는지를 밝혀내려는 관심이 아주 높은 겁니다.

　　미국에 레이 커즈와일(Ray Kurzweil)[65]이라는 발명가 겸 미래학자가 있습니다. '기술적 특이점(Technological Singularity)'에 관해서 책을 쓰기도 했는데, 컴퓨터와 인공지능의 발달로 인간을 뛰어넘는 지능이 나타나서 가까운 미래에 인류가 그 지배를 받게 될 거라는 내용이었습니다. 컴퓨터가 인류의 지성을 뛰어넘는 시점을 기술적 특이점이라 부르는 거지요. 일종의 종말론입니다. 이런 관점에 대해서는 어떻게 생각하십니까?

　　아쉽게도 제가 그 책을 읽지 않았습니다. 하지만 가까운 미래에 컴퓨터가 인간의 지성을 뛰어넘을 거라고 생각지는 않습니다. 이른바 인공지능(AI)의 발전에 관해 대단히 과장되게 이야기하던 시기가 있었습니다. 하지만 연구가 진행될수록 사람들은 인간의 지성이 가진 깊이를 인식할 수 있었습니다. 기술의 발전에 관해 말하자

---

65) 1948~현재. 미국의 발명가, 미래학자. 『21세기 호모 사피엔스(The Age of Spiritual Machines)』, 『특이점이 온다(The Singularity is Near)』 등의 저서가 있다.

면 '무어의 법칙'이라는 유명한 법칙을 예로 들 수 있습니다. 반도체 집적회로를 점점 작게 만들어서 일정 면적에 얼마만큼의 트랜지스터를 집어넣을 수 있는가, 즉 얼마나 정보를 집약시켜 넣을 수 있는가 하는 집적도가 약 1년 반마다 두 배로 늘어난다는 경험칙입니다. 그야말로 지수함수적으로 늘어났고 지금도 아직 진행 중이지만 조금만 생각하면 그런 현상이 한없이 지속될 수는 없다는 것을 알 수 있습니다. 집적도가 계속 늘어난다는 말은 궁극적으로는 트랜지스터 한 개의 집적도가 원자의 크기가 된다는 것인데 있을 수 없는 일입니다. 당연히 집적도는 일정 수준에서 한계에 도달하겠지요. 미세가공을 통해 만들어진 반도체 소자의 최소 크기는 현재 이미 100나노미터, 40나노미터 수준입니다. 100나노미터면 원자 300개 정도의 크기에요. 이 정도로 작아졌으니 머지않아 한계에 도달할 것이 분명합니다. 그렇게 크기를 줄여서 나노 구조를 만들겠다는 접근은 결국 단순하게 숫자로 승부하겠다는 식이기 때문에 그 한계가 보이기 시작한다는 거지요.

물성과학의 연구 방법을 소개해 주시겠습니까? 알려지지 않은 물질을 발견하는 방법 말고도 있겠지요?

물성과학 연구에서는 물질을 찾는 게 전부는 아닙니다. 실험 기술을 발전시키는 방향도 있습니다. 예를 들어 전자현미경의 성능은 원자 하나하나를 보고 싶다는 요청이 있었기 때문에 극대화될 수 있었습니다. 또 주사(走査)식 터널 현미경[66]이라는 실험장치도 물성과학의 연구 결과로 개발되었습니다. 이 현미경은 80년대 중반에 IBM의 취리히 연구소에서 발명되었는데, 개발자들이 1986년에 노벨 물리학상을 받기도 했습니다. 개발되자마자 순식간에 실용화되었고 지금은 여러 실험실에서 이용되고 있지요. 가속기도 예로 들수 있겠습니다. 일반적으로 가속기는 소립자 연구에 쓴다는 이미지가 있지만 요즘은 가속기에서 나오는 방사선을 이용해 물질의 성질을 조사하기도 합니다. 또 원자로에서 나오는 중성자 빔을 이용하는 방법도 있습니다. 요즘은 온갖 수법을 다 동원해서 물질의 성질을 탐색합니다. 다른 방식의 연구방법을 꼽자면, 우리가 사는 세상과는 동떨어진 환경, 그러니까 초고압 조건을 실험실에 만들고 거기서 물질은 어떤 식으로 변화하고 어떤 성질을 나타내는지를 조사하는 방법이 있습니다. 강한 자기장을 걸거나 강한 전기장을 가할 때 일어나는 변화와 성질의 차이를 조사하는 거지요. 대부분 물질 속의 전자나 그 회전 등을 조사할 목적으로 이용됩니다.

그런 분야들 중에서 이에 선생님께서는 어떤 방식으로 연구하시는지요?

---

66) 현미경 탐침(tip)의 원자와 물질 표면의 원자를 1나노미터 정도로 근접시켜 원자 스케일 물질의 요철을 관찰하는 현미경. 전자 현미경보다 작은 대상을 관찰할 수 있다.

제 연구 주제를 한마디로 표현하면 '양자 전도 현상 연구' 정도가 됩니다. 전기저항은 물질에 따라 무한대(절연체)에서 제로(초전도체)까지 크게 변화합니다. 또 하나의 물질이라 하더라도 그것이 처한 물리적 환경, 예를 들면 온도, 자기장, 압력 등에 따라서 그 전기저항이 민감하게 변화하는 예가 여럿 알려져 있지요. 그 속에서 저는 반도체를 인공적으로 가공해 나노미터 규모의 구조를 만들고, 거기서 양자의 움직임을 조사합니다. 그 분야 연구의 특징은 물리적 아이디어를 토대로 대상을 설계하고, 그들을 고도의 미세가공 기술을 구사해 인공적으로 만드는 것입니다. 가령 초저온 상태에서 이차원적인 면에 갇힌 전자에 강한 자기장을 가하면 전자가 독특한 움직임을 보이는데, 정말 재미있습니다. 자기장이 없을 때와는 운동 모습이 완전히 다르거든요. 또 '전자 홀(Hall) 효과'라는 것도 있습니다. 전류를 흘리면 횡방향으로 전압이 나타나는데, 그 전압은 어떤 물질이건 간에 프랭크 정수[67]와 기본 전하[68]라는 물리학의 기본 정수를 조합한 $e2/h$라는 기본 정수의 정수배(整數倍)가 됩니다. 그런 신기한 현상이 있어요. 그 발견은 1985년에 노벨상을 받았습니다. 전자는 상호작용을 일으키면서 움직이는데, 강한 자기장 속에서 전자의 상태는 그야말로 다양하게 변화합니다. 결정 같은 배치를 나타내기도 하고, 일차원적으로 늘어서기도 하고, 질서는 있지만 액체상

---

67) 양자역학의 기초가 되는 단위를 나타내는 물리정수. 양자역학의 창시자 중 한 사람인 막스 프랭크(Max Planck)의 이름을 따서 지은 명칭이다. 기호는 h를 쓴다.

68) 전자가 가진 전하량의 절대치를 말한다. 기호는 e를 쓴다.

이 되기도 합니다. 자기장과 전자밀도를 변화시키면 정말 온갖 상태가 나타납니다. 20년 이상 전 세계에서 이 주제의 연구가 이루어지고 있는데 아직도 새로운 발견이 속속 보고되고 있습니다.

그런 발견은 어떤 실험을 통해 얻어지나요?

기본적으로는 시료를 엄청난 저온으로 만들어 놓고 강한 자기장을 걸어서 전기저항 등을 측정합니다. 조사하려는 내용에 따라서는 거기에 빛을 쏘기도 하고, 전자파를 걸기도 하고요. 한 번 측정하는 데 며칠씩 걸리지요. 미세가공을 통해 시료 만들기부터 시작하는데, 예비실험 과정에서 시행착오를 반복하고 최종적으로 논문을 작성하기까지를 계산하면 적어도 3개월은 걸립니다. 반년에서 1년 정도 걸리는 경우도 있습니다.

그 정도 기간으로 주기가 돌아가면 어떤 의미에서는 대학원생에게도 좋은 조건이네요.

그렇지요. 저도 그런 점이 좋았습니다. 물리학과에서 대학원으로 진학할 때 소립자물리학 같은 다른 분야도 고려했는데 물성과학을 선택한 이유는 하나부터 열까지 자기 혼자서 할 수 있다는 점이 매력적이었기 때문입니다. 시료를 만들고, 측정하고, 논문을 쓰는 일련의 연구 활동을 혼자서 완결할 수 있다는 점이 좋습니다. 물

도쿄대 리더육성 수업 · 과제설정의 사고력

론 대규모 가속기를 이용한 연구 같은 경우는 팀을 짜서 진행하지만, 대학원생이나 조교도 각자 자기 주제를 가지고 연구할 수 있거든요. 개인 연구자가 주체성을 가질 수 있다는 점이 참 마음에 듭니다. 이 외에도 연구자들은 각자 다른 방법으로 연구를 하지요. 저는 어느 한 가지를 필생의 과업이라고 생각하기보다는 그때그때 흥미로운 주제를 다루었습니다. 그러다 보니 이것저것 손댄 셈인데, 일관된 공통점을 찾자면 양자 전도 현상이라고 할 수 있겠습니다.

앞으로는 어떤 연구를 할 생각이십니까? 큰 방향성이 서 있는지요?

아까 언급한 실험 대상들은 일종의 반도체 주변장치이기 때문에 응용으로 이어지는 경우가 많습니다. 큰 흐름으로는 '양자점(Quantum dot)'이라고 해서 미세가공으로 전자를 가둘 수 있는 영역을 만들고 거기에 전자를 하나씩 넣었다 빼는 건데, 그것을 정보처리에 응용하려 하고 있습니다. 양자 컴퓨터로 이어지는 분야인데 연구가 순조롭게 진행되고 있습니다. 그리고 또 하나는 '양자의 다기능'에 주목한 연구입니다. 전자는 전하를 가지고 있고 회전을 하거든요. 그런데 그 회전의 자유도까지 고려한 연구를 진행 중입니다. **컴퓨터 속을 보면 계산하는 쪽은 반도체고, 기억하는 쪽은 자성체지요. 지금은 둘이 별개지만 회전을 이용해서 자성을 가진 반도체를 만들려는 시도를 하는 겁니다.** 즉 계산과 기억을 일체화한 새로운 구조를 만들고 싶은 거지요. 양자 컴퓨터가 실현되려면 아직 시간이

도쿄대 리더육성 수업 · 과제설정의 사고력

걸리겠지만 회전을 이용하는 데까지는 금방 도달할 것 같습니다.

　잠시 앞으로 돌아가서 물성과학의 방법론은 어떻게 진화해 왔는지 설명해 주시겠습니까?

　적어도 1970년대 무렵까지는 마치 중소기업이나 가내공업 같은 분위기에서 연구, 실험이 이루어졌습니다. 그러다가 이 분야가 발달함에 따라 대형 장치, 대규모 시설을 사용하는 연구 비중이 점점 늘어났지요. 물성과학도 일종의 빅 사이언스로 비중이 옮겨간 것입니다. 우주물리학 또는 소립자물리학 등과의 차이는 대형 설비를 이용하긴 하지만 사고양식 면에서는 스몰 사이언스라는 점입니다. 예를 들어 연구 주제가 방사광(放射光), 중성자와 관련이 있다고 합시다. 그럼 방사광은 가속기 안에 있으니 가속기가 있는 곳에 가서 실험을 한 다음, 중성자 관련 시설에 가서 실험을 해야 합니다. 그런 식인 거지요. 설비는 온갖 종류가 필요하지만 연구는 개별적으로 이루어진다는 말입니다. 그에 비해 소립자물리학은 수백 명이 하나의 소립자를 발견하기 위해 실험에 매달리니 완전히 다른 방식이지요. 방법론 면에 있어서는 대형장치라는 공통점이 있지만 말입니다.
　또 하나는 컴퓨터입니다. 다른 어떤 것과 비교해도 컴퓨터의 발달은 엄청납니다. 계산능력이 현저하게 향상되다 보니 새로 개척된 부분도 많습니다. 1970년대 후반에 제가 대학원생이던 시절에는 논문도 타자기로 썼어요. 사람들이 IBM에서 전동 타자기가 나왔다며 신기해할 정도였지요. 그러니 워드프로세서 같은 것은 상상도 못했어요. 당연히 실험실에 컴퓨터는 없었습니다. 1970년대 말에 제가 물성연구소에 조수로 왔을 때야 커다란 미니컴퓨터(Minicomputer)[69]가 등장했습니다. 책장 세 개를 합해 놓은 정도의 크기였는데 능력은 지금의 계산기 정도밖에 안 됐습니다. 어셈블리 언어라는 것으로 프로그래밍을 했는데 제어에 종이테이프가 쓰였지요. 1982년에 미국으로 건너가 AT&T 벨 연구소, IBM T. J. 왓슨 연구소에 연구원으로 들어갔을 무렵에는 IBM이 포터블 컴퓨터라는 것을 개발했습니다. 그러니까 마이크로소프트의 빌 게이츠와 IBM이 손을 잡기 시작해서 MS DOS가 나온 시기입니다. 당시에는 포터블이라 불렀지만 20kg이나 나갔어요. 아주 묵직했지요. 그때 '미국 사람들은 이 정도를 포터블이라고 부르는구나' 하는 생각을 했던 기억이 납니다. 일본에 돌아온 1985년에는 NEC의 PC98이라는 퍼스널 컴퓨터가 전성기를 이루더군요. PC가 보급되기 시작한 시기에 저는 그걸로 자동측정 프로그램을 엄청 만들었습니다. 실험이 상당히 효율적으로 진행됐지요. 예전에는 기계의 계기판을 계속 읽어야 했는데 그때부터는 세팅만 해 놓으면 계속 관찰할 필요가 없었으니 말입니다. 이후 PC의 성능은 점점 좋아졌습니다. 90년

69] 대규모 설비를 필요로 하는 대형 컴퓨터보다는 작지만 퍼스널 컴퓨터보다는 훨씬 큰 용량을 지닌 중간 크기의 컴퓨터. 1960년대에 연구실 등에서 운용할 수 있게 가정용 냉장고 크기로 만들어졌다. 당시로서는 '소형'이었으나 각종 입출력 장비를 추가하면 '미니'라는 이름과는 사뭇 다른 규모였다.

대에는 물성연구소에 그렇게도 바라던 슈퍼컴퓨터가 들어왔습니다. 이전부터 전자계산기 시스템은 있었지만 슈퍼컴퓨터가 들어오면서 연산처리 수준이 훨씬 향상된 것 같습니다.

그렇군요. 속도가 빨라진 것 외에도 연구 방법 면에서 뭔가 바뀐 점이 있습니까?

논문을 쓸 때 가장 크게 바뀐 부분은 인터넷의 발달입니다. 논문 투고 방식도 바뀌었고 말입니다. 문헌검색도 예전에는 도서관에 직접 가서 찾다 보니 우연에 의존하는 경우가 많았는데, 지금은 인터넷에 다 나오니까 세계적으로 연구 경쟁의 속도도 빨라졌습니다. 하지만 세상에는 같은 일을 하는 사람이 반드시 있기 때문에 연구 결과도 거의 비슷한 시기에 나옵니다. 누군가가 다른 누군가의 아이디어를 훔치는 것이 아니라 완전히 별도의 연구를 한다 해도 같은 시기에 같은 결과가 나오는 경우가 있는 거지요.

슈퍼컴퓨터 이야기가 나왔으니 모델 시뮬레이션 이야기를 해볼까 합니다. 예를 들어 원자구조 등을 조사할 때 모델을 만들어서 시뮬레이션하고, 그것을 다시 손보는 회전식 경쟁이 일어나지는 않습니까?

글쎄요. 물성과학뿐만 아니라 대규모 계산기를 이용해서 연구하는 사람들은 오히려 계산 기법의 개발에서 승부가 갈립니다. 기존에 만들어진 프로그램을 돌리는 정도는 누구라도 할 수 있습니다. 그러니까 기존의 방식과는 차원이 다른 효율로 계산을 하도록 기법을 개발하는 일이 중요해졌다는 겁니다. 정말 좋은 프로그램을 만들면 그 사람 이름이 붙은 패키지가 만들어져서 온갖 연구에 사용되고, 개발자는 그 업적을 평가받습니다.

물성과학에서 계산기를 사용하는 연구라 하면 크게 '다체 (多體) 문제 시뮬레이션'과 '제1원리 계산'이라는 두 분야가 있습니다. 다체 문제 시뮬레이션이란 것은 복잡하게 얽힌 여러 전자의 운동 등 쉽게 풀 수 없는 문제를 계산기에 넣어서 실험하는 기법입니다. 제1원리 계산은 물질 속 전자와 에너지의 구조를 볼 때 어떤 원자가 어떻게 나열되어 있는지 확인되면 거기에서 에너지가 어떻게 나오는지를 계산하는 작업이고요. 새로운 물질이 나왔을 때 그것이 어떤 성질을 가졌는지 계산기로 전부 계산해서 최종적으로는 실험과 대조하게 됩니다. 그 경우 물론 컴퓨터 능력도 경쟁에 필요하지만 그보다는 같은 컴퓨터 능력으로 얼마나 계산할 수 있는지, 다시 말해 알고리즘을 만드는 경쟁이 더 결정적입니다. 현실적으로는 어떤 슈퍼컴퓨터를 사용할 수 있는지도 고려해서 거기에 맞는 알고리즘을 개발합니다. 그래서 차세대 슈퍼컴퓨터의 경우에는 그 컴퓨터를 자유자재로 다룰 줄 아는 사람의 능력이 요구된다는 겁니다. 그러니까 역시 리더육성이 제일 중요합니다. 참고로 컴퓨터의 성능을 비교하는 시험을 벤치마크 테스트라 하는데, 슈퍼컴퓨터 자체가 벤

도쿄대 리더육성 수업 · 과제설정의 사고력

치마크 테스트에서 세계 1위를 차지했다 해도 그것만으로는 별 의미가 없습니다. 실제로 속도가 얼마나 나는지는 다운타임(시스템이 정지된 시간)이나 셋업 체인지 등의 요소까지 고려해야 하니 말입니다. 벤치마크 테스트는 순간 최대 풍속을 비교하는 거나 마찬가지입니다. 하기야 100위 정도 되면 이것저것 고려할 것도 없지요.

이에 선생님께서는 대학 교수도 하시면서 문부과학성(당시 문부성)의 학술조사관[70]도 겸임하셨습니다. 현재는 문부과학성의 과학기술·학술심의회 전문위원[71]을 맡고 계십니다. 국가 차원의 난제를 풀기 위한 작업에 참여하시는 거지요?

저희 연구자들에게 대단히 중요한 연구자금 중에 과학연구비 보조금이라는 것이 있습니다. 그 보조금을 담당하는 연구조성과에서 1991년부터 2년 정도 일을 했지요. 돌이켜보면 거기서 인생이 꼬였던 것 같아요. (웃음) 연구자의 길만 걸었어도 좋았겠지만 그쪽 일도 중요하기 때문에 이후로 줄곧 간여하고 있습니다. 과학연구비는 오랫동안 계속 개선해 온 덕에 지금은 아주 잘 운영되고 있는 시스템이라고 봅니다. 보통 정부가 지원하는 연구비에는 당연히 어떤 정치적 목적이 숨어 있는 경우가 많습니다. 그런 톱다운(Top-down)

---

70) 학술조사관은 과학연구비의 심사와 조사 업무를 담당한다. 현재 이에 야스히로 교수는 문부과학성의 과학기술·학술심의회 전문위원으로 활동 중이다.

71) 문부과학 대신의 자문에 응해 과학기술의 종합적 진흥에 관한 중요사항 등을 조사 심의한다.

방식의 연구보조금과는 달리 과학연구비는 보텀업(Bottom-up) 방식이라고들 하는데, 연구자 측이 순수하게 자신이 하고 싶은 연구에 관해서 계획 제안서를 내면 그것을 상호검사(Peer review)라는 이름으로 같은 분야의 연구자가 평가를 해 좋은 제안서를 채택하는 방법을 취하고 있습니다. 그런데 현실적으로 봤을 때, 무엇을 위한 연구인지 목적이 분명치 않은 연구에 대해서는 예산이 인정되지 않는 경우가 종종 있습니다. 재무성에 들고 가도 아주 의아해하지요. 그런 경우에는 예산을 따기 위해서 온갖 이유를 붙일 수밖에 없는 게 현실입니다. 사실 과학연구 예산은 안정적으로 공급되는 게 맞다고 보지만, 재무성 관리들을 설득하지 못하면 예산을 얻지 못합니다. 연구에는 그런 면이 있습니다. 그런데 교육에 관해서는 시책이 더 많이 흔들려서 '글로벌 COE[72]'를 들먹이더니 이번에는 '박사과정 교육 리딩 대학원[73]' 구상이 나오더군요. 예산은 그리 많지 않은데 교육 현장을 휘두르는 사태로 발전한 겁니다. 일본의 미래를 짊어질 인재를 육성하려면 예산을 더 잘 분배할 필요가 있습니다. 예산이 적으면 좁은 물에 가두어 놓고 경쟁시키는 꼴이 되기 때문입니다. 리딩 대학원에서는 이전의 글로벌 COE와는 전혀 다른 내용을 다

---

72) 2007년부터 실시되고 있는 문부과학성의 연구거점형성 등 보조금 사업. 일본 대학원의 교육연구 기능을 강화하고 세계를 선도할 인재를 육성하기 위해서는 국제적 경쟁력이 있는 대학을 만들어야 한다는 이념 하에 추진되고 있다.

73) 우수한 학생을 세계적 리더로 키우기 위해, 산학관이 모여 전공 분야의 틀을 초월한 프로그램을 구축하는 대학원의 교육을 지원하고 그 형성을 추진하는 사업. 2011년도부터 실시되고 있다.

루라고 하는데 그렇게 당장 눈앞에 보이는 내용을 바꿔야만 재무성을 설득할 수 있다는 게 문부과학성의 논리라면 너무 한심한 일입니다. 이런 문제점을 교육 현장에 몸담고 있는 사람들은 다 느끼고 있을 겁니다.

관료들은 부서를 이동하니까 아무래도 깊이 있는 지식을 가지기는 어려울 겁니다. 그렇다면 문부과학성의 관리에게 조언을 할 수 있는 사람을 붙이는 것도 좋은 방법일 텐데 말입니다. 뭔가 현재의 시스템과 과정을 바꿀 방법이 없을까요?

대학과 문부과학성, 또는 다른 정부 성청(한국의 부처에 해당) 간에 인사 교류가 있어도 좋겠지요. 학술조사관이라는 직책도 위치가 조금 모호해서 말이지요, 다양한 심의회에 참석해서 의견은 내는데 그때뿐인 경우가 많습니다. 연구자 측도 불평불만만 할 게 아니라 스스로 그런 조정 자리에 가서 적극적으로 의견을 개진하는 것이 좋습니다. 물론 어려운 일이지요. 연구자로서의 인생이 끝날 수도 있으니까요. 연구자로서는 연구에서 벗어나 학술조사관 같은 임무를 맡을 경우에 2년이 한계인 것 같습니다. 학술조사관으로서 어떤 사업을 하고 돌아올 수 있는 캠퍼스가 설계되어 있으면 좋겠지만 그렇지 않으면 딱 그 정도 기간밖에 못합니다. 대략 40세 정도에 겸임하는 사람이 많으니까 그 시기의 2년은 크지요. 하지만 그런 개인 커리어의 연속성 문제는 물론이고 일본의 학술조사에서 제일 심각한 문제는 연구자 층이 얇다는 점입니다. 무슨 말인가 하면, 유능한 현역 연구자를 학술조사관으로 보내고 나면 연구 현장에 공백이 생긴다는 겁니다. 학술조사관이나 학술심의관은 책임 있는 직무니까 연구실 측에서도 아무나 보낼 수가 없습니다. 그렇다고 업적이 많고 명성을 얻은 분을 보내면 또 그분의 영향력이 너무 커져서 문제가 될 수 있고 말입니다. 그러니 현역 세대 중에서 좋은 연구자가 가는 게 맞다고 봅니다.

　　그런데 '좋은 연구자'라고 하셨지만, 연구에서 좋은 실적을 낸 사람이 설명 능력이나 평가 능력에서도 뛰어나다고 할 수는 없지 않겠습니까? 제가 일하던 건축 분야에서는 그랬습니다. 건축 능력과 설명 능력, 협상 능력은 별개더군요. 건축 능력은 평범하더라도 상대를 설득하는 능력에서는 아주 뛰어난 사람들이 있단 말입니다. 그런 사람들이 모여서 팀을 만들어도 되지 않을까 싶은데요.

　　결국 연구자의 평가 방법으로 환원되는 문제라 할 수 있습니다. 요즘은 연구자 평가 방법이 거의 일원적이라 학문적 업적 이외의 능력을 평가할 축이 없습니다. 그래서 설명 능력이 뛰어난 사람을 찾아내고 그 능력을 향상시킬 여유가 없지요. 건축 같은 공학 계통 분야와 이학(자연과학) 계통, 그것도 물성과학 같은 기초과학 분야의 가치관에 차이가 있어서 그럴 수도 있습니다. 이학부와 공학부는 같은 작업을 해도 이야기를 해보면 바탕에 깔린 가치관이 다르다는 걸 종종 느낍니다. 공학은 역시 사회에 도움이 되어야 한다는 의식이 있는 것 같은데 이학에서는 처음부터 그런 생각과는 거리가 있습니다. 그러니까 **이학 계통 사람들이 제일 공감하는 분야는 문학 쪽입니다. 반면에 공학 계통은 의학 계통과 여러 가지 면에서 공감할 수 있는 점이 많지요.** 하지만 역시 기업 연구소의 연구원에 비하면 대학의 연구자들은 매니지먼트라는 개념과는 거리가 먼 집단이 아닐까 싶습니다. 기업 연구원들은 기업에 입사하는 시점에 벌써 일종의 각오를 합니다. 그런데 대학의 연구자들은 그런 각오를 다질 기회도 없이 계속 연구만 하지요. 극단적으로 말하자면 자신이 왜 월급을 받는지 생각해 본 적도 없는 사람이 있다는 말입니다. 그러니 앞으로는 그런 구성원들을 거느린 조직을 어떻게 디자인할지 고민할 필요가 있습니다. 매니지먼트 능력을 키우는 시스템을 만들어야겠지요. 그뿐만 아니라 연구자들이 성청이나 기업과 연계하는 방법, 대학의 시스템까지도 생각해야 합니다.

관점의 변화

물성과학 강의는 도쿄대학 리더육성 프로그램 수강생들 사이에서도 어려운 강의로 첫손에 꼽힌다. '미끄러운 벽'이라 표현하는 수강생도 있다. 어떻게든 매달리고 싶지만 손톱도 안 들어간다는 의미인 것 같다. 그들이 어려워하는 것은 어찌 보면 당연하다. 사실 물성과학은 일본이 세계 최첨단을 달리는 분야다. 미국은 한때 예산을 줄인 탓에 연구자들이 줄었고 결국 회복하는 데에 애를 먹고 있다. 학문적 연구에 대한 자금 분배는 자유재량 영역이라 판단 기준을 세우기가 어렵다. 그렇다고 단순히 '어떻게 소용되는지'를 판단 기준으로 삼을 수도 없다. 연구 주제에 대한 자금 분배는 일본뿐 아니라 전 세계 주요국가가 고민하는 문제다. 바로 이 국가 차원의 정책 문제에도 간여 중인 이에 선생은 현실적인 해결책의 어려움을 인터뷰에서 언급했다. 이 부분은 일본 과학연구의 전략과도 직결된다. 안타깝게도 그 문제를 풀 수 있는 전략 입안 능력을 훈련 받은 인재가 적음에도 불구하고 그런 인재를 공급하는 시스템마저 없는 상황이다. 이에 선생의 전문 분야인 물성과학은 분명 어려운 분야이지만, 실제로 우리는 그 연구 성과를 일상 속 온갖 분야에서 활용 중이다. 반도체와 초전도, 각종 메모리 장치 등을 비롯해 현대생활의 디지털화를 가능케 하는 대부분의 장치가 물성과학의 발전이 이루어 낸 산물인 것이다. 다시 말해 '실제 소용되고 있다'는 의미다.

하지만 이에 선생의 말처럼 모든 연구 성과가 실용으로 직결되는 것은 아니다. 연구자는 자신의 지적 흥미와 호기심으로 주제를 선택한다. 이에 선생도 자신의 연구에 얼마나 가슴이 뛰는지를 언급한 바 있다. 인터뷰 중에도 언급되었지만 메이저, 레이저가 발견 이후 폭넓게 활용되기까지 수십 년이 걸렸던 것처럼 연구 성과가 당장 '실생활에 도움이 되는' 것만은 아니라는 면도 있다. 그것은 기술개발에 시간이 걸린다기보다 어디에 쓸지 그 용도를 찾아내기 어려워서다. 과학적 발견과 규명은 시대와 무관하게 일어날 수 있다. 따라서 시대가 따라와 그 용도를 발견하기까지 시간이 걸리는 것이다. 그런 의미에서도 '어디에 소용되느냐'하는 관점만으로 판단을 내릴 수는 없다. 하지만 세상은 꼭 그런 질문을 던지고야 만다. 사이언스 리터러시가 부족하기 때문이다.

이 문제에 대한 인식은 기존에도 전혀 없었고 지금도 충분치 않다. 거기에 대한 위기의식이 사회적으로 퍼져 있다고 하기도 어렵다. 예를 들어 첨단과학 중 실증실험이 어려운 분야에서는 모델 시뮬레이션 기법을 활용한다. 전 세계가 경쟁적으로 시뮬레이션 횟수를 늘리는 지금 슈퍼컴퓨터는 필수적이며 그 속도 차이가 연구 경쟁에서 유, 불리를 크게 좌우한다. 그런데도 슈퍼컴퓨터와 관련해 '꼭 최고라야 하느냐?'라는 질문을 하는 사람들이 있다. 답답한 노릇이다. 그러나 일반 대중은 물론이고 지식인들조차 슈퍼컴퓨터를 왜 보유해야 하는지에 관해 모르는 것이 현실이다. "죄송합니다. 저는 문과 계통이라서……"라는 변명이 안 통할 만큼 이 시대는 모든 분야에서 현명한 판단과 의사결정에 사이언스 리터러시를 요구한다. 원자력발전의 안정성 평가 문제가 그 전형적 예다. 동일본 대지진 이후 원자력 분야를 종합적으로 이해하는 사람들이 얼마나 적은지 알 수 있었다. 각 분야의 전문가는 얼마든지 있다. 하지만 '서문'에서 언급했다시피 분야 간 연결고리가 지극히 중요하다. 심지어 원자력 분야를 종합적으로 아는 것만으로는 부족하다. 원전 문제는 생물학, 기상학, 지진학, 건축학, 지리학, 그리고 심리학 등이 서로 얽힌 문제기 때문이다. 동일본 대지진의 경험이 우리에게 던져 준 진정한 교훈은 그것이다.

그렇게 보면 사이언스 리터러시란 개인의 능력을 초월한 부분이라고도 볼 수도 있겠다. 당연히 그럴 수 있다. 그럼에도 불구하고 우리는 과제를 해결해야 한다. 우리에게 필요한 것은 일종의 태도와 자세이며 마음가짐이다. 어려워서 모르겠다고 처음부터 포기하고 피할 것이 아니라 물성과학이 '미끄러운 벽'이라 할지라도 조금씩 알아가는 과정에서 '잘 모르겠지만, 알겠다'라는 기묘한 느낌, 모순어법적 감각에 익숙해질 필요가 있지 않을까? 그런 감각이 도쿄대학 리더육성 수업에서 이에 선생 외 여러 물성과학 연구자들의 강의를 들은 수강생의 반응에서 나타난다. '뭔가 조금은 알 것도 같다', '잘 모르겠지만 재미있다', '큰 틀에서 이해를 했으니 더 상세히 공부하겠다'고 그들은 말한다. 그들은 최소한의 범위에서나마 전혀 몰랐던 부분에 대해 더는 불편해하지 않게 되었다. 거부반응도 없어졌다. 솔직히 필자도 이에 선생이 관심을 가진 분야에 관해 다 이해했다고는 할 수 없다. 하지만 선생이 어디에 놀라워하고 어디에 흥미를 느끼는지는 생생하게 느낄 수 있었다. 또 이에 선생의 개성과 가치판단이 연구에 영향을 미친 사실도 흥미로웠다. 과학 분야에는 냉철한 진실만 존재하는 것이 아니라 개인의 취향이 반영된 가설, 우연한 발견, 생각지도 못한 전개 등이 가득 차 있는 것이다. 그 결과로 무언가 새로운 연구 성과가 세상에 나왔다면, 제일 중요한 것은 새로운 사실이 '어디에 소용되느냐'가 아니라 그것을 앎으로써 우리의 관점, 나아가 세계관이 영향을 받는다는 사실이다. 그 같은 세계관의 변화는 천천히 사회의 변화로 이어질 것이다. 그러기 위해 우리는 이런 과학연구의 실태를 적극적으로 접해야 하고 한층 흥미를 가져야 한다. 그것이 사이언스 리터러시를 얻는 첫걸음이다.

요코야마 요시노리

'무엇을'보다 '어떻게'라는 문제의식

도쿄대학 대학원 종합문화연구과 교수

사카이 구니요시

酒 井 邦 嘉

언어뇌과학

Kuniyoshi Sakai

사카이 구니요시

도쿄대학 대학원 종합문화연구과 교수 / 1964년 출생. 도쿄대학 이학부 졸업, 동 대학원 이학계 연구과 박사과정 수료. 이학 박사. 도쿄대학 의학부 제1생리학연구실 조수, 하버드 대학교(Harvard University) 의학부 리서치 특별연구원, 매사추세츠 공과대학교(Massachusetts Institute of Technology) 언어학·철학과 객원연구원을 거쳐 현재에 이른다. / 전공은 언어뇌과학. 크게 두 가지 연구 주제를 다루는데 그중 하나는 fMRI(기능성 자기공명 영상)와 MEG(자기 뇌도 측정법) 등 첨단 물리 계측 기술을 이용해 인간의 뇌기능을 계측하고 해석하기이고, 또 하나는 언어를 중심으로 한 고차원적 뇌기능 메커니즘을 규명하는 것이다. 인간 언어의 특성인 '보편문법'이 가진 기능의 분화, 기능의 국재(局在, Localization of Function)를 밝혀내기 위해 언어와 관련된 뇌기능을 이미지로 나타내는 작업을 하고 있다. / 저서로『언어의 뇌과학』,『과학자라는 일』,『뇌의 언어지도』,『뇌를 만드는 독서』 등이 있다. / 2001년에 제1회 일본신경과학학회 장려상, 2002년에 제56회 마이니치 출판문화상, 2004년에 제19회 쓰카하라 나카아키라(塚原仲晃) 기념상을 수상한 바 있다.

> 언어능력과 뇌의 메커니즘 규명에 도전해 일본신경과학학회 장려상,
> 쓰카하라 나카아키라 기념상을 수상하고, 저서 『언어의 뇌과학』으로
> 마이니치 출판문화상을 수상하며 호평을 받은 사카이 구니요시.
> 그의 빛나는 성과의 배경에는 어떤 사고법이 있었을까?

요코야마　언어 연구는 그 언어를 탄생시킨 인간의 마음이 어떻게 작용하는
지를 탐색하는 작업입니다. 궁극적으로는 인지와 창조성이라는 미
지의 세계에 다가가는 일이며, 이과 계통과 문과 계통으로 구분하
던 종래의 틀을 뛰어넘은 연구 영역이기도 합니다. 과학자로서 그
런 영역에 뛰어들기가 상당히 위험했을 수도 있는데, 어떻게 그 분
야에 들어서게 되셨습니까?

사카이　뇌에 관한 연구는 20세기 후반부터 급속히 발전했습니다. 유
전자 수준부터 기억과 학습 등 개체 수준의 뇌기능에 이르기까지

그 대상은 다양합니다. 뇌의 가장 고차원적인 정보처리 시스템은 언어입니다. 저는 '언어뇌과학'을 중심으로 연구를 진행하는데, 우리가 언어를 사용해서 발화(發話)를 하고 타인의 발화를 이해할 때 뇌의 어떤 시스템에 의해 그런 작용이 실현되는지에 관한 문제를 다루는 겁니다. 저는 도쿄대학 1학년 때 물리학을 전공하겠다고 생각했는데, 2학년 올라가기 직전에 생물에 관심을 갖기 시작했습니다. 생물계의 다양성을 설명할 때, 물리 같은 기본 원리와 법칙을 구축할 수 있으면 좋겠다는 생각이 들었기 때문입니다. 그래서 물리학과에 진학해서 생물 공부를 할 수 있는 방법이 없을지 고민했습니다. 그 과정에서 '생물물리학'이라는 물리의 한 분야가 있다는 것을 알고 물리학과에 진학했지요. 생각해 보면 좀 독특한 진로 선택이었습니다. 그래도 그 자유로움이 저는 좋았습니다. 그때까지 물리학만 바라보던 시각이 점점 변해 가던 느낌이 지금도 생생합니다.

학부 3학년 때부터는 물리학과의 필수과목 외에는 타 학부, 학과를 청강할 수 있는 한도를 다 써서 생물계 강의를 들었습니다. 저 혼자만 다른 학과 학생이니까 친구도 없었고, 노트를 빌릴 데도 없었고, 기출문제도 얻을 수가 없었지요. 그래도 전혀 모르는 학생들 틈에서 분야융합적 강의를 듣는 게 모험이기도 하면서 굉장히 즐겁기도 했습니다. 저는 원래 학문의 경계영역에 흥미가 있었습니다. 박사과정에서는 그런 방식이 더 심해져서 물리학과에 적을 두고 의학부 생리학 교실에서 본격적인 뇌 연구를 시작했습니다. 당시의 생물물리학은 근육에 관한 연구가 중심이었는데 저는 뇌신경을

도쿄대 리더육성 수업 · 과제설정의 사고력

본격적으로 연구해 보고 싶었습니다. 그래서 의학부의 문을 두드린 거지요. 이리저리 모색하는 과정에서 뇌의 고차원적 기능에 끌렸고, 생리학 교실에서는 일본원숭이를 가지고 시각기억 메커니즘을 연구했습니다. '보는 행위'로부터 마음의 현상이 어떻게 일어나는지 대뇌피질에 있는 세포 하나하나를 조사해서 메커니즘을 규명하려고 생각했거든요. 딱 그 무렵에 MRI(자기 공명 영상)[74] 장치를 이용한 fMRI(기능성 자기 공명 영상)가 등장해서 생체에 상처를 입히지 않고도 뇌기능을 이미지화할 수 있는 길이 열렸습니다. 살아있는 인간 뇌의 활동을 외부에서 직접 살필 수 있게 됐으니 연구 접근방식이 크게 변한 거지요. 아주 획기적인 사건이었습니다. 그래서 '자, 그렇다면 나도 원숭이가 아니라 사람의 뇌를 상대로 연구하자!'라고 결심하고 1995년에 MRI 기술이 가장 앞서 있었던 미국으로 유학을 갔습니다. 그런데 미국도 시행착오를 거치는 도중이었기 때문에 장치는 있었지만 그것을 충분히 이용할 수 있는 기술도 미숙했고, 연구체제도 정비되지 않은 상황이었습니다. 제가 생각했던 대로 연구가 진행되지 않았지요. 그래서 그 다음 갈 길에 관해서 또 고민을 했습니다.

---

74) MRI는 Magnetic Resonance Imaging의 약칭으로 높은 자기장과 라디오파 펄스를 이용해서 체내 등의 영상을 촬영하는 장치를 말한다. fMRI는 functional Magnetic Resonance Imaging의 약칭으로 MRI를 이용해서 뇌 혈류량의 변화를 측정하여 활동 중인 뇌 부위를 가시화하는 장치다.

1995년에 미국으로 유학을 가서 언어학자 노암 촘스키[75]를 사사하셨다고 들었습니다. 그 경험이 '언어의 뇌과학'이라는 새로운 영역으로 발전하는 계기였습니까?

당시 제가 소속되어 있던 도쿄대학의 생리학 교실과 매사추세츠 공과대학교(MIT)의 언어학·철학과가 국제 공동 프로젝트를 추진하게 되었습니다. 제가 고민이 많다는 얘기를 들으신 미야시타 야스시(宮下保司)[76] 선생님께서 "사카이 군, 그러지 말고 그 프로젝트 팀으로 갈래?"라고 제안을 해 주셨고, 저는 아주 흔쾌히 가겠다고 말씀을 드렸지요. 그렇게 해서 촘스키와 언어학을 만나게 되었습니다. 두말 않고 가겠다는 말씀을 드리기는 했지만 '언어'라는 주제가 제 안에서 단단하게 자리 잡고 있었던 것은 아닙니다. 몇 가지 주제 중 하나라는 생각이었지요. 그랬기 때문에 솔직히 그때만 해도 새로운 분야를 접해 본다는 심정으로 MIT의 언어학·철학과로 간 겁니다. 그런데 거기서 저는 인간 언어의 다양성을 기본 원리부터 설명하려는 촘스키의 언어학이 그야말로 '물리 그 자체'라는 느낌을 받았습니다. 너무나도 큰 감동을 받은 나머지 한 치의 망설임도 없이 '이거야말로 내가 생각하던 주제다!'라고 확신했지요. 그때서야 저의 고민은 끝이 났습니다.

---

75) 각주 48) 참조.

76) 1949~현재. 도쿄대학 의학부(생리학 제1강좌) 교수, 도쿄대학 이학계 연구과(생물물리학) 교수 겸임. 주요 연구 영역은 인지기억의 대뇌 메커니즘 등이다.

도쿄대 리더육성 수업 · 과제설정의 사고력

우여곡절이 있었군요. 그런데 역설적이게도 주제를 명확하게 정하지 않고 간 덕분에 딱 맞는 주제를 만날 수 있었다는 이야기로 들립니다.

그렇습니다. 실제로 저는 미국에 가기 전에 두 번, 가고 나서 두 번, 크게 주제를 바꿨습니다. 저는 새로운 분야라도 흥미를 느끼면 일단 해 보자는 생각을 합니다. 연구자 중에는 대학과 대학원에서 시작한 연구를 일관되게 지속하면서 평생의 과업으로 삼는 사람도 있습니다. 그건 정말 행운이지요. 하지만 그 길이 아니라도 상관없습니다. 무언가를 해 나가는 과정 안에서 앞으로 연구를 어떻게 할지 배울 수 있다면 연구자로서는 그게 최대의 자산 아니겠습니까? <u>저는 '무엇을 연구할 것인가(what)'보다는 '어떻게 연구할 것인가(how)'라는 문제의식이 중요하다고 생각합니다.</u>

연구자를 목표로 하는 사람들의 대부분이 '무엇을 연구할지'가 제일 중요하다고 생각할지 모르지만 우선 '어떻게 연구할지'를 충분히 체득한 후에 '무엇을 연구할지' 생각하는 편이 낫다고 저는 생각합니다. 과학적인 발상과, 사고, 문제 발견 능력, 그리고 과학에서 중요하게 여기는 기법들은 결국 모든 분야에 다 통한다고 생각합니다. 사고법, 방법론만 제대로 익혀 두면 어떤 분야의 연구라도 가능하지요. 반대로 '무엇을 연구할지'만 좇으면 그 분야만 고집하거나 안주하게 되어서 다른 분야로부터 발상을 빌려오기가 어려워질지도 모릅니다. 사실 그런 유연한 방식으로 연구를 지속한다는 것은 상당한 용기가 필요할 수도 있지만 그렇게 해 온 덕에 저는 '언어 뇌과학'을 만날 수 있었습니다.

이야기를 되돌리면 언어학 팀과의 공동 프로젝트에 임할 때는 '원숭이로는 연구가 안 되는, 인간에 관한 연구를 하자'는 생각만 정해져 있었습니다. 하지만 어디에 그 가능성이 있는지 몰라 전전긍긍했습니다. 인간의 언어야말로 원숭이로는 연구할 수 없지 않습니까? 예를 들어 찻잔을 보는 순간 인간은 '차', '마시다', '뜨겁다', '도자기' 같은 개념이 언어라는 형태로 뇌를 스칩니다. 그것은 인간 이외의 동물이 시각을 통해 보는 뇌의 작동 과정과는 본질적으로 다른 것입니다. fMRI를 이용하면 그때 인간 뇌의 어느 부분이 어떻게 작동하는지를 파악할 수가 있습니다. 그런 부분에서 언어 연구는 제가 원하던 문제의식과 부합된 것입니다.

거장 촘스키와 실제로 이야기를 나눠 보니 어떻던가요? 선생님은 원래 언어학 지식이 있었습니까?

촘스키와의 대화는 제게 충격적이었습니다. 그보다 MIT라는 공과대학에 인문학인 언어학 분야가 떡하니 존재하고 있고, 촘스키라는 거장이 교편을 잡고 있다는 사실 자체부터 실로 흥미로웠지요. 도쿄대학에서는 이과 계통에 진학하면 일단 언어학이라는 선택지는 없으니까요. 세계적으로도 드문 사례지 않습니까? 그때 저는 언어학 지식은 일반교양조차 거의 없었던 상태였습니다. 촘스키가 살아있는 사람이란 사실에도 놀랐을 정도였지요. 그런 상태로 방문한 학생에게도 촘스키 선생님께서는 차별 없이 면담을 했고 질문에 답을 해 주셨습니다. 약속 날짜를 정하고 질문 항목을 준비해서 만나러 갔는데 어찌나 많은 사람들이 찾아오는지 예약을 하려면 대략 2개월 후, 시간은 30분 정도 얻을 수 있는 상황이었습니다. 그러니까 이야기를 좀 하려고 하면 비서가 와서 다음 사람이 기다린다고 알려 주는 거였습니다. 게다가 촘스키 선생님은 워낙 목소리가 작아 수업 때도 열심히 듣지 않으면 무슨 말을 하는지 알 수가 없습니다. 그런데 제 면담 차례가 되었을 때 불행하게도 교실 밖에서 도로공사를 하는 겁니다. 소음은 심하지요, 영어에 핸디캡은 있지요, 정말이지 열악한 상황에서 죽어라고 질문을 했던 기억이 납니다. 그런데 목소리는 작지만 '이런 생각은 잘못되었다'는 취지의 말씀을 하실 때는 대단히 진지한 자세로 에너지 넘치게 설명을 하셨습니다. 엄청난 열정과 성의를 가진 분이었지요. 직접 만날 수 있었다는 것만으로도 많은 것을 얻었다고 생각합니다. 당시 MIT의 언어학과에 저 같은 배경을 가진 학생은 거의 없었습니다. 역시 기본적으로는 언어학자 집단이니까 뇌과학이나 물리학을 하는 사람이 없었어요. 그래도 뇌에 관심을 보이는 언어학자가 조금씩 나타나고 있었습니다. 그때까지는 이론적으로 책상물림만 하던 사람들이 뇌 실험도 해보고 싶다는 생각을 하기 시작하던 때였던 겁니다. 제 입장에서 보면 언어학자가 뇌 실험에 흥미를 보이기 시작했다는 사실 자체가 대단히 흥미로웠고, 도움이 많이 됐습니다. 당시에는 뇌과학이라는 관점에서 언어 연구를 한다고 했지만, 단어를 보여 주고 뇌의 반응을 조사하는 수준이었어요. 그 사람들 덕분에 그것만으로는 언어 연구라 할 수 없다는 가르침을 받을 수 있었습니다. 언어뇌과학을 연구하려면 언어학을 제대로 공부해야 한다는 걸 알게 되었지요. 생각지도 못한 깨달음이었습니다.

'언어에는 보편적인 법칙이 있다'는 촘스키의 '생성문법 이론'이 물리학자 입장에서 검증 불가능한 가설로 받아들여지지는 않았습니까? 검증은 어떤 방식으로 이루어졌습니까?

촘스키는 인간의 언어에 보편적인 특성이 있다는 가설에 대해 충분히 검증 가능하다고 생각했을 겁니다. 촘스키의 언어학은 철저하게 물리학적 방식으로 구축된 것인 만큼 보편적 법칙을 찾아 설명해야 한다는 목표가 있었습니다. 언어의 다양성이라는 수수께끼에 대해 보다 보편적인 하나의 설명을 부여하려 한 것입니다. 제가 그의 언어학에 단번에 이끌린 이유도 거기에 있습니다.

맨 처음에 촘스키가 제안한 내용은 인간의 '발화'라는 언어현상을 분석하는 방법입니다. '나는 학교에 갑니다'는 올바르고 '나에게 학교는 갑니다'는 이상하지 않습니까? 그런데 누구나가 순식간에 알 수 있는 현상을 놓고 어째서 후자가 이상한지를 제대로 설명하는 이론을 촘스키는 만들려고 한 겁니다. 그는 거기에 정교한 문법성이 있고 그 문법성이 지표가 될 거라고 생각했습니다. 불필요한 요소를 가급적 배제하고 언어의 근간이 되는 문법의 법칙성을 밝히려 했지요. 먼저 영어로 그 부분을 철저히 검증하고 가설로서의 이론을 정교하게 세우면 그 법칙은 일본어나 러시아어, 헝가리어 등 모든 언어에 맞아떨어질 거라고 생각했습니다. 만일 들어맞지 않는 언어가 나타나면 이론이 뒤집히니까 그때 가서 다시 가설과 검증을 새로 하면 된다는 식이었습니다. 그렇게 가설과 검증을 반복하려는 촘스키의 생각이야말로 언어 연구를 과학으로 해결하겠다는 생각이었습니다.

두 번째 검증 방법은 '언어 획득' 분석입니다. 유아가 어떻게 인간의 언어를 배우는지 살피는 것입니다. 유아에게 무엇이 주어지고, 무엇이 주어지지 않는지를 검증하면 그 이론이 제안할 변수를 정할 수 있습니다. 그 변수를 정하기 위해 얼마나 많은 자극이 필요한지, 유아가 잘못 말한 부분을 부모가 어디까지 수정해 주는지를 철저히 조사하면 검증이 가능할 거라는 생각이 바탕에 있었습니다. 다만 그 방법은 실제로는 큰 진척을 이루지 못했습니다. 너무 어려우니까요. 유아는 놀랄 만한 속도로 언어를 획득하기 때문에 입력과 출력 데이터만 가지고 귀납적으로 이론을 구축하기란 거의 불가능했습니다. 하지만 바로 그런 사실을 고려하면 '유아는 가르침을 받아서 언어를 획득하는 것이 아니라 생득적(生得的)으로 언어능력을 갖추고 있다고 보아야 하지 않느냐?'는 가설이 도출됩니다. 그래서 촘스키는 인간이 어떤 모국어라도 몇 년밖에 안 되는 단기간에 그 언어체계를 습득할 수 있는 이유는 후천적으로 언어 데이터를 입력하는 '언어 획득 장치'가 미리 뇌에 존재하기 때문이라고 가정하고, 그 구성 원리를 '보편문법'이라 명명했습니다.

당시 미국에는 아메리카 원주민의 언어에 관한 연구[77]도 활발했다고 알고 있습니다. 그런 언어도 모두 보편문법으로 설명할 수 있을 거라는 직관이 있었던 걸까요?

촘스키는 성장 내력만 봐도 아버지가 히브리어 연구자였기 때문에 인간의 언어가 어디까지 보편적인지는 영어와 히브리어의 대비를 통해 이해하고 있었을 겁니다. 보편문법에 관해서도 상당히 이른 단계에 확신을 가지고 있었던 것 같습니다. 어떤 의미에서 그의 이론은 유소년 시절부터 가정에서 배양된, 언어에 대한 통찰력에 힘입은 바가 크다고 봅니다. 어떻게든 보편문법을 찾아내겠다는 각오는 처음부터 있었던 것 같습니다. 언어는 '의미' 등 보이는 부분에 있는 것이 아니라 보이지 않는 부분에 있다고 생각했지요. 보이지 않는 깊은 곳에 언어의 근간을 이루는 법칙이 있는데 그것을 도출하겠다는 목표가 있었던 겁니다. 그래서 '의미' 등 보이는 부분을 대담하게 잘라낼 수가 있었던 겁니다. 그런 사고는 의미 전달에 언어의 본질이 있다고 생각하는 사람들 입장에서는 상상을 초월한 접

---

77) 생성문법 이론이 등장하기 전에는 인디언의 언어를 기술, 분류하는 연구가 미국에서 주류를 이루고 있었다.

도쿄대 리더육성 수업 · 과제설정의 사고력

근이었습니다.

촘스키가 지금까지 온갖 오해를 받았던 이유가 그것 때문인지도 모릅니다. 보이는 부분을 잘라 버리면 도출되는 가설은 아무래도 추상화되니까 말입니다. 그래서 이해하기 어렵고 처음부터 어렵다는 인상을 주지요. 하지만 언어 같은 복잡한 현상의 본질에 다가갈 때, 쓸데없는 부분은 생각지 말아야 한다는 것을 기억해야 합니다. 여기저기 마음을 뺏기면 여간해서는 본질에 다가가기 어렵습니다. 불필요한 부분을 잘라 버림으로써 사물의 본질을 볼 수 있고, 그 본질에 다가갈 수 있습니다. 그러니 무엇을 잘라 버릴지를 간파하는 작업은 아주 중요합니다. 그 작업을 잘하기 위해서는 재능이 필요합니다. 아까 촘스키에게는 비범한 통찰력이 있었다는 이야기를 했는데 본질 이외의 부분을 잘라 버릴 때야말로 그의 통찰력은 빛을 발했습니다. 언어를 대담하게 추상화하고 이상화하는 힘이 있었던 겁니다. 그런 이해 없이 '촘스키는 틀렸다'고 비판해서는 아무것도 얻기 어렵습니다.

언어 연구뿐 아니라 인문계열 학문 분야에서는 어느 한 학자의 가설이 전면 부정되거나 반대로 권위가 되어 버리는 극단적인 예가 흔히 발생하는데, 제가 보기에 그것은 대단히 안타까운 일이고 양쪽 모두의 발전에 지장을 줄 뿐입니다. 과학에서는 그런 일이 일어나지 않습니다. 고전 역학이건 열역학이건 간에 후세에 가서는 어쩔 수 없이 수정이 가해지지요. 그때마다 잘못된 부분은 버리고 새로운 개념을 추가하는 식의 발전 주기가 돌아갑니다. 예를 들어 고전 역학에서는 에테르(ether)[78]의 존재를 가정한 부분은 틀렸지만, 그렇다고 해서 '뉴턴이 틀렸다'는 사람은 없습니다. 열역학에서도 카르노(Nicolas Carnot, 1796~1832)의 오류는 클라우지우스(Rudolf Clausius, 1822~1888)에 의해 수정[79]되었지만 역시 카르노의 생각 그 자체가 부정된 것은 아닙니다. **선인의 이론에 대해 꼭 수정해야 할 부분이 발견되면 그때 즉각 버리고 새로운 가설과 개념을 추가해 축적하는 것이 과학의 방법입니다.** 생성문법 이론도 과학적 작업가설이라고 생각하면 되겠습니다.

사카이 선생께서는 인간 언어를 설명하는 생성문법론이라는 가설에 대해 뇌과학의 입장에서 실증하려 하십니다. fMRI 등 새로운 기술을 연구기법으로 사용하면 어떤 부분을 규명할 수 있습니까?

'언어뇌과학'이 중점적으로 규명하려는 과제는 어떤 문법처리가 뇌의 어느 부위에서 어떻게 계산되며 표현되는지 하는 부분입니다. what과 where, how를 밝히는 것이 최대의 연구 주제인 거지요.

---

78) 19세기까지 빛을 전달하는 매질로 생각되던 가상의 물질이다. 뉴턴은 빛의 반사, 굴절, 회절, 그리고 물체의 접착을 설명할 목적으로 에테르를 도입하였다. 수많은 학자들이 '열소' 등의 이름을 붙인 비슷한 개념을 이용했다.

79) 1824년 프랑스의 물리학자 카르노는 따뜻한 물체로부터 차가운 물체로 열소(熱素)가 이동하는 현상이 동력을 일으키는 원천이라고 주장했다. 독일의 이론물리학자 클라우지우스는 '열소'의 존재를 부정하고, '열은 스스로 차가운 물체에서 뜨거운 물체로 옮겨갈 수 없다'는 열역학 제2법칙을 확립했다.

　　도쿄대 리더육성 수업 · 과제설정의 사고력

지금까지 우리는 뇌 속에서 문법을 처리하는 장소가 브로카(Broca) 영역[80]에 존재한다는 것을 증명했습니다. 좌뇌 전두엽에 있는 '하전두회(下前頭回)'의 일부입니다. 기존에 브로카 영역은 발화의 중추라고 알려져 있었지만 사실은 문법 처리의 중추라는 점을 밝혀냈고, 그래서 그 부위를 우리는 '문법 중추'라 부르기로 했습니다. 첫 실험에서는 영어가 모국어인 참가자를 대상으로 두 가지 언어 과제를 비교 실시했습니다. 하나는 철자 오류를 찾아내는 테스트(예①)이고 또 하나는 문법적인 어순의 오류를 찾아내는 테스트(예②)였습니다.

① The manager askeed about Will's use of the funds.
② The manager asked about use Will's of funds the.

fMRI로 측정한 결과 이 문장을 읽고 판단할 때 대뇌피질의 언어영역(브로카 영역과 베르니케 영역[81])에 강한 활동이 일어난다는 사실을 알게 되었습니다. 게다가 문법 과제와 철자 과제의 활동을 비교하자 브로카 영역의 일부에만 명확한 차이가 나타났습니다. 그런데 ①과 ②는 원형이 같은 문장이기 때문에 브로카 영역의 활동 차이는 문법 오류를 찾아내는 메커니즘을 나타낸다고 결론지었습

---

80) 좌반구 하측 전두엽의 일부 영역이다. 프랑스의 외과 의사 폴 브로카(Paul Broca)가 발견했다. 주로 언어 구사 능력과 관련 있으며 손상되었을 때 브로카 실어증이 나타난다.

81) Wernicke's Area. 좌반구에 위치하는 특정 부위로 언어정보의 해석을 담당한다. 독일의 신경정신과 의사 카를 베르니케(Carl Wernicke)가 발견했다.

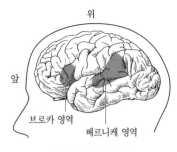

위

앞

브로카 영역

베르니케 영역

대뇌피질의 언어영역

니다. 여기서 우리는 문법 처리가 뇌 기능의 일부라는 점을 알게 됐고, 그 점을 증명함으로써 언어 작용은 일반적인 기억과 학습만으로는 증명할 수 없는 보편적인 시스템이라는 촘스키 언어학의 주장을 입증하게 됩니다. 그리고 지금까지 알려진 바로는 문법 중추가 두 군데였습니다. 그 부분들에 손상이 생기면 문법 장애가 일어났지요. 그런데 그 장애 패턴이 능동태와 수동태 등 문형에 따라 차이를 보입니다. 능동문보다 수동문이 당연히 문법적 부하가 많이 걸리지요. 사역 등도 마찬가지고요. 지금은 문형의 차이에 따라 어느 문법 중추를 사용하는지까지도 밝혀낸 상태입니다.

두 부위는 용도가 구분되기는 하지만 동시에 상호보완적으로 작용하기도 합니다.

문형 차이 같은 복잡한 부분을 조사하기까지는 시행착오도 많았을 것 같습니다. 구체적으로는 어떤 실험방법을 쓰셨습니까?

최근 들어 다루는 과제는 그림과 문장을 묶어서 제시하고(그림과 문장의 매칭 과제), 그림과 문장의 내용이 일치하면 오른쪽 버튼, 틀렸으면 왼쪽 버튼을 누르게 하는 테스트입니다. 아이들도 할 수 있을 만큼 쉽습니다. 실험에서는 자동사문(예: ○와 □가 달린다), 능동문(예: ○가 □를 민다), 수동문(예: □가 ○에게 밀린다), 혼합문(예: □를 ○가 민다)이라는 네 종류의 문형에 관해서 비교했습니다. 각 문형의 문법 부하가 커지면 신경활동이 어떻게 변화하는지를 fMRI로 계측한 것입니다. 실험에서는 두 인물이 움직이는 장면을 나타낸 그림과 문장을 제시합니다. 네 문장 중 수동문과 혼합문은 비정규 구문이고, 나머지는 정규 구문입니다. 문형 이외의 조건은 그림, 문자 수, 음절 수, 기억 부하, 과제의 난이도까지 꼼꼼하게 통제해서 문형 판단 이외의 여분의 요소는 가급적 배제합니다.

○와 □ 등을 쓰지 않고 '경찰이 도둑을 잡는다'라고 바꾸면 그림과 문장으로 판단하기 전에 '경찰'이나 '도둑'이라는 단어만으로 상황을 추측할 수 있기 때문에 문맥의 실마리는 일절 주지 않습니다. 이런 조건 하에서 이루어지는 뇌의 활동을 fMRI로 계측한 결과, 수동문 같은 문법 부하가 큰 문장을 처리할 때 좌뇌 전두엽의 '하전두회 삼각부'에서 유의미한 활동 상승이 확인되었습니다. 이 영역은 문법 중추 중 하나인데 통사 처리를 할 때 선택적으로 사용된다고 볼 수 있습니다. 실험 결과에 개인차는 없었고, 참가자들에게는 공통적으로 뇌의 동일 장소에서 활동 차이가 나타났습니다. 수동문보다 능동문 쪽에서

□가 ○에게 밀린다
수동문

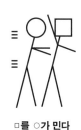

□를 ○가 민다
혼합문

뇌 활동이 활발해진 사람은 없었습니다. 아마 이건 문화의 차이 등과는 관계없는 보편적 뇌 활동이라는 증거겠지요. 촘스키가 말한 의미가 바로 그런 겁니다. 저희도 실제 실험을 해 보기 전까지는 이렇게 단순한 실험으로 뇌 활동의 차이를 알아낼 수 있을 거라고 생각지 못했습니다. 뇌과학과 함께 언어학을 하지 않았다면 이런 아이디어는 떠오르지 않았을지도 모릅니다. '문법적인 부하'라는 것을 어떻게 디자인할지가 관건이었다고 봅니다.

그런 실험 아이디어 하나만 봐도 '과학이 인간 사고의 산물인 이상, 과학은 개성의 세계다'라는 말이 떠오릅니다. 가설을 세우는 방법, 실험 디자인에 모두 연구자의 개성이 묻어나오니까 말입니다. 예를 들어 지동설의 발견을 코페르니쿠스적 전환이라고 부르지 않습니까? 코페르니쿠스(Nicolaus Copernicus, 1473~1543)에게는 경건한 신학자로서의 인식이 뿌리내리고 있었기 때문에 천체는 신에 의해 완벽하게 만들어졌다고 생각했습니다. 그에 반해 케플러(Johannes Kepler, 1571~1630)는 같은 데이터를 보면서도 더 논리적으로 해석한 결과 타원궤도를 이야기했습니다. 저는 케플러를 더 높이 평가해야 된다고 보는데, 어떠십니까?[82]

82] 코페르니쿠스는 우주의 중심이 태양이라는 생각을 한 것은 틀림없지만, 천체의 운동궤도와 관련해서는 이전의 천동설과 다름없는 개념을 썼다. 실제 천체관측 결과를 바탕으로 코페르니쿠스의 이론을 수정, 보완한 학자는 케플러와 갈릴레이다. 케플러는 티코 브라헤의 천문대에서 조수로 일했는데, 코페르니쿠스의 이론을 티코 브라헤의 관측 결과에 합치시키기 위해 무려 70번이나 계산을 한 결과 코페르니쿠스로부터 시작된 태양중심설을 완성할 수 있었다. 코페르니쿠스, 티코 브라헤, 케플러, 갈릴레이 등의 천문학자에 관해서는 은하천문학 편의 내용을 참고할 것.

과학적 사고도 궁극적으로 파고들어 보면 각자가 어떻게 생각하고 그것이 다른 사람과 어떻게 공유되는지에 관한 것입니다. 다들 객관적으로 대상을 연구한다고 하지만, 자연에 대한 인식방법으로서의 개성과 주장이 투영되는 것이 당연하지요. 코페르니쿠스와 케플러도 마찬가지입니다. 실제로 케플러가 코페르니쿠스를 비판한 기록이 있습니다. 코페르니쿠스는 데이터를 억지로 자기 생각에 끼워 맞춘 부분이 있다고 지적한 것입니다. 지적하신 대로 같은 데이터를 보고도 해석 방법이 십인십색이라 도출되는 결론, 즉 가설은 사람마다 다 다릅니다. 결과적으로 같은 가설에 이르는 경우라 하더라도 거기까지 도달하는 과정에는 각자의 개성이 투영됩니다. 한편 순간적인 번뜩임, 영감으로 정답을 이끌어 내는 경우도 있습니다. 과학의 전성기였던 20세기를 통해 실제로 우리는 과학자의 예언이 적중하는 현장을 몇 번이나 봐 왔습니다. 하지만 그 경우도 모든 가능성 중에서 그들이 그 가설을 선택했기 때문에 정확한 예언이 가능했던 겁니다.

예를 들어 유카와 히데키(湯川秀樹)[83]의 중간자(中間子)만 해도 당시에는 전자와 양자, 중성자가 나왔으니 이제 충분하다는 분위기였습니다. 중간자 같은 불필요한 물질을 생각할 이유가 없다는 거였지요. 그런데 유카와 선생은 중간자가 대단히 중요하다는 생각

---

83) 1907~1981. 이론물리학자. 원자핵 내부에 양자와 중성자의 결합을 매개하는 역할을 하는 중간자가 있다고 예언했다. 1949년에 일본 최초의 노벨상을 수상했다.

도쿄대 리더육성 수업 · 과제설정의 사고력

을 버리지 않았습니다. 양자와 중성자는 전기적으로 보나 만유인력이라는 점에서 보나 결합되지 않는 물질입니다. 그런데도 두 물질이 결합되어 있다는 것은 반드시 무언가 매개 역할을 하는 입자가 있다는 증거라고 생각한 거지요. 그 신념을 바탕으로 계산한 끝에 유카와 선생은 전자보다 200배 가까이 무거운 입자가 존재한다는 결론에 도달했습니다. 그렇게 해서 유카와 선생은 자신의 가설을 바탕으로 한 해석을 자연계에 부여했습니다. 그 제안을 토대로 우주선(우주에서 쏟아져 내리는 입자) 중에 그에 해당하는 물질이 정말 있는지에 관해 처음으로 모두가 진지하게 탐색했지요. 그런데 불행히도 최초에 발견된 μ(뮤) 입자는 양자와 상호작용을 하지 않았기 때문에 유카와 선생이 틀렸다는 평가가 나돌던 시기도 있었습니다. 그 후 π(파이) 중간자가 발견되었고 유카와 선생의 예언은 맞아떨어졌습니다. 그 입자가 바로 핵력을 매개하는 중간자라고 모두가 납득했고, 그 후에도 중간자 같은 성질을 가진 입자는 많이 발견되었습니다. 유카와 선생은 직감을 이용해 논리를 뛰어넘는 발상으로 보이지 않는 세계를 향해 돌진했습니다. 자연계에 이러이러한 일이 있을지도 모른다는 것을 이론적으로 제안했지요. 저는 그런 과정이 얼마나 중요한지를 물리학에서 배웠습니다. 유카와 선생의 업적도 그분의 개성에서 나왔겠지요.

과학자의 개성이란 역시 신념입니다. 더 알기 쉽게 말하자면 미의식인 거지요. 연구자는 자신이 주제로 삼은 내용을 밝혀내는 데 성공하느냐 마느냐에 인생을 겁니다. 그래서 진리에 대해서는 장

인정신이라 부를 만한 집착이 있습니다. 연구자는 의식하지 않더라도 자신의 연구에 대해 명확한 미의식을 가지고 있습니다. 아인슈타인(Albert Einstein, 1879~1955)이 자연을 바라본 방식도 그의 미의식에서 비롯되었을 겁니다. 자기 안의 미의식이 과학자의 개성을 만들고 목표를 선택하게 한다고 할 수 있습니다. 생각해 보면 우리는 어릴 때부터 끊임없이 '선택'을 합니다. 예전에 어떤 인터뷰에서 어린 시절에 누구의 위인전을 읽었느냐는 질문을 받은 적이 있습니다. 저는 퀴리 부인과 베토벤이 제일 마음에 남는다고 얘기했더니 기자가 "그게 사카이 선생의 선택이지요"라는 말을 하더군요. 깜짝 놀랐습니다. 책장에 꽂힌 위인전 시리즈 중에는 분명 링컨이나 프랭클린, 간디 등 수많은 위인들이 있었습니다. 그중에서 제가 선택한 인물은 정치가가 아니었던 겁니다.

그 선택을 자신의 미의식으로 발전시키는 씨앗은 호기심이라는 생각이 듭니다. 과학자를 키워 내려면 호기심을 키워야 한다는 이야기를 흔히 합니다. 개성은 가르칠 수 없다 해도 호기심은 가르칠 수 있을 것 같은데, 어떻게 하면 될까요?

대학에서 교편을 잡고 있는 제가 보기에 호기심이란 이런 거라고 학생들에게 가르치기는 불가능합니다. 뭐랄까, 그런 것을 대학에서 가르쳐야 된다면 너무 늦은 것 아니겠습니까? 저는 학생 때 물리학과에 있으면서 발생생물학 강의를 들었고, 항상 교수님께 질문을 퍼부었습니다. 강의가 끝나면 교수님을 붙잡고 제 안에서 설명이 안 되는 부분을 납득이 될 때까지 물었지요. 아마 그 선생님은 동물학과 학생은 아무도 질문을 안 하는데 왜 이 이상한 물리학과 학생만 질문을 하는지 희한하다고 생각하셨을 겁니다. 그건 오로지 제 호기심 때문이었습니다. 질문을 멈출 수가 없었습니다. 그런 학생이었기 때문에 지금은 교단에 서서 저를 흥분시키는 이야기, 예를 들면 아까도 나왔지만 케플러가 타원궤도를 발견하기까지 얼마나 악전고투했는지에 관해서 열변을 토합니다. 그런데 눈을 반짝이면서 듣는 학생은 일부밖에 안 됩니다. 도대체 아이들의 호기심은 어떤 식으로 키워지는가? 그것은 제 연구의 과제이기도 합니다. 뇌의 발달을 주제로 삼고 있으니까 말입니다. 아직은 검증이 안 된 부분이기 때문에 어디까지나 가설입니다만 10대 전반이 중요할 거라고 짐작하고 있습니다. 그 시기에 얼마나 의식적으로 생각하느냐, 또 생각을 얼마나 즐겁게 여기느냐가 그 사람이 가진 지적 호기심의 핵심이라는 것이 제 생각입니다.

10대 초반은 감동을 받거나 재미있다고 느끼는 일들을 모조리 자연스럽게 해낼 수 있는 시기이기도 합니다. 자발적으로, 본능처럼 좋아하는 일을 찾아 빨려 들어갈 수 있는 시기는 그때밖에 없습니다. 10대 후반이 되면 한 가지 일에 끌리기는 하지만, 어느새 불안한 마음이 들고, 쓸데없는 짓이라는 의구심이 생겨납니다. 그러기 전에 뭐라도 좋으니까 한번쯤은 어느 한 분야에 관심을 가지고 깊이 빠져드는 경험을 해 둬야 한다고 생각합니다. 교육은 지식을 가르치는 것이 아니라 생각하게 하는 것입니다. 아는 것보다 생각해서 알게 하는, 깊은 이해에 이르게 하는 과정이 중요하지요. 대학이 지식을 가르치는 장소밖에 안 된다면 조만간 존재 이유가 사라질 겁니다. 사실 지금은 강의노트고 자료고 간에 모조리 인터넷에 올라오는 시대지요. 대학에서 강의를 처음 받는 자연계 신입생에게 "나중에 대학원에 진학해서 연구자가 되고 싶은 사람?" 하고 물으면 대부분의 학생이 손을 듭니다. 그런데 그 소중한 동기를 계속 유지하는 학생은 적습니다. 무미건조한 강의가 그들에게 더 이상 동기를 부여하지 못하고 의욕을 꺾어 버렸기 때문이라면 대학 교원의 책임이 얼마나 큽니까? **인터넷으로는 불가능한 체험을 시켜야 합니다. 생각을 하게끔 하고, 이끌어 내고, 어째서 이렇게 생각하는지에 관한 실마리를 제공하는 등 생각 자체를 충분히 체험하게 해야 합니다.** 학생들이 귀중한 10대의 마지막 시기를 보내는 대학에서 경험해야 할 일은 바로 그것입니다.

생각하는 일을 즐길 수 있고, 본능적으로 자신이 관심을 가진 분야에 빠져들 수 있는 자질은 가정환경 등의 영향을 받을까요?

저는 가정환경보다 책의 영향을 많이 받았습니다. 고등학교 때 아인슈타인을 굉장히 좋아했는데 제게는 그야말로 영웅이었습니다. 아이슈타인과 관련된 책은 빠짐없이 다 읽었습니다. 그런데 아무리 읽어도 안다는 느낌이 안 들더군요. 왜 그럴까 생각

도쿄대 리더육성 수업·과제설정의 사고력

하다가 아인슈타인이 일반인을 위해서 쓴 『상대성이론: 특수 상대성이론과 일반 상대성이론(Uber Die Spezielle Und Die Allgemeine Relativitatstheorie)』이라는 책을 읽고서야 비로소 이해한 느낌이 들었습니다. 아주 충격적이었지요. 그 후로는 책을 읽을 때 다른 사람이 쓴 해설서가 아니라 본인이 쓴 책을 읽어야겠다고 마음먹었습니다. 저는 자연과학도 좋아하지만 자연과학자도 몹시 좋아합니다. 그들의 맨 얼굴, 문장 등이 혼연일체가 되어 그 과학자의 개성을 형성하기 때문입니다. 아인슈타인은 만년에 자서전을 썼는데 그게 걸작입니다. 4, 5세 무렵 아버지가 보여 준 자기 컴퍼스를 보고 충격을 받았던 체험이 적혀 있어요. 손에 쥔 방위 자침이 늘 북쪽을 가리키는 것을 보고 사물의 배경에는 보이지 않는 힘이 작용하는 세계가 있다는 생각에 신기해서 견딜 수가 없었다는 내용이지요. 저는 그 대목에서 넋을 잃었습니다.

상대성 이론에 관한 지식은 전달할 수 있지만 그런 아인슈타인의 개성에 접할 때 가슴이 두근거리는 느낌을 받게 하기는 어렵다는 게 문제로군요.

연구자는 사물을 스스로 알아내는 전문가이기 때문에 남에게 설명하는 방법을 잘 모릅니다. 새로운 연구를 한다는 것은 새로운 내용을 계속 흡수해서 스스로에게 알려 주는 작업을 한다는 뜻이에요. 그 작업을 좋아하는 사람, 그만둘 수 없는 사람들이 대학에 남아서 연구를 계속하는 겁니다. 그런 사람들이 학생들로부터 "선생님 모르겠어요"라는 말을 들으면 이해가 안 될 수밖에 없지요. 뛰어난 연구자일수록 중간 과정을 건너뛰고 이해하는 예리한 두뇌의 소유자인 경우가 많습니다. 그러니까 아주 쉽게 풀어서 초보자에게 가르쳐 주는 작업이 때로는 고통이 되기도 하지요. 평소에 학생들이 모르겠다는 부분에 정성껏 답하는 경험을 하지 않았다면 더 그럴 겁니다. 연구자들의 영원한 딜레마라고 생각합니다.

아까 미의식이란 말씀을 하셨는데 사카이 선생님께서는 음악과 회화에도 조예가 깊다고 들었습니다. 뇌과학이라는 관점에서 음악과 회화를 보면 접근방식이 언어를 대할 때와는 많이 달라지나요?

저는 요즘 '언어'나 '예술'은 모두 뇌에서 나온 같은 능력이 아닌가 하는 생각을 합니다. 노래를 부르거나 그림을 그리는 일은 본능이 아니거든요. 그러니까 음치도 있고 그림을 못 그리는 사람도 있는 거지요. 그런데 그런 능력의 바탕에는 언어와 마찬가지로 새로운 것을 구성하는 창조적인 능력이 깔려 있습니다. 예를 들어 '나는 오렌지를 먹는다'라는 문장은 어떻게 구성되어 있습니까? 주어, 목적어, 동사가 일렬로 나열된 것이 아니라 사실은 그 안에는 숨은 '나무(Tree) 구조'가 들어 있습니다. '오렌지를 먹는다'라는 목적어와 동사의 관계는 우선 하나의 술어를 만듭니다. 이 술어의 머리 부분에 '나는'이라는 주어가 붙어서 계층이 더 늘어나지요. 뇌의 문

도쿄대 리더육성 수업 · 과제설정의 사고력

법 중추는 이런 나무 구조를 계산해서 처리하는 게 아닌가 싶습니다. 목적어 대신 동사 앞에 부사를 붙여서 '나는 열심히 달렸다'라고 해도 같은 구조입니다. 형용사와 명사의 관계, 그리고 부사와 동사의 관계도 모두 언어의 나무 구조에 의해 계산됩니다.

인간의 뇌는 그 구조를 반복적으로 계산함으로써 얼마든지 계층을 늘릴 수 있습니다. 이 반복적 계산을 '재귀적(再歸的) 계산'이라 합니다. 계층은 이렇게 무한대로 늘릴 수 있습니다. '이것은 잭이 지은 집에 있었던 보리 씨앗을 먹은 쥐를 죽인 고양이를 물은 개'라는 문장을 보십시오. 아이들이 자주 하는 말놀이입니다. 문장 끝에 재귀적으로 또 다른 문장을 부가함으로써 얼마든지 계속 연결할 수 있습니다. 이렇게 얻어진 문장은 아무리 길어도 처음에 등장한 대명사 '이것'은 반드시 문장 끝의 명사를 가리킵니다. 신기하지요? 인간의 뇌는 그렇게 하나씩 포개 올린 계층을 계산할 수 있습니다. 이것이 바로 인간의 본질적 언어능력이라고 촘스키는 생각했던 겁니다. 재귀성은 인간이 창조하는 예술에서도 나타납니다. 베토벤의 교향곡 같은 데에도 재귀적으로 갈리는 구조를 발견할 수 있습니다.

언어는 경시적(經時的)이군요. 굳이 말하자면 음악도 그렇습니다. 하지만 인간의 창조에는 경시적이지 않은 부분도 있습니다. 예를 들어 건축이나 회화는 시간과 상관없이 멈춰 있습니다. 그런데도 재귀적 계산이라는 표현을 쓸 수 있을까요?

회화의 경우 캔버스를 받고 무슨 생각을 하는가 하면, '여기에 지평선을 그리자. 이곳이 근경이고 이 선 너머가 원경이다'라는 식으로 공간 구분부터 합니다. 근경 속에는 더 가까운 대상과 조금 먼 대상이 있고, 원경에도 마찬가지

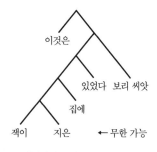

재귀적인 언어의 나무구조

로 가까운 경치와 먼 경치가 있습니다. 결국 층위가 쌓이는 것이고, 다시 말해 회화에도 재귀적인 구조가 있다는 이야기입니다. 프랙탈 (Fractal)이라 부르는 구조 분할의 반복은 자연계가 만들어 낸 가장 기본적인 구조입니다. 건축에서도 플로어, 유닛, 섹션처럼 각 방의 쓰임새를 정하기 위해서는 재귀적인 인간의 능력이 발휘되지요. **재귀성이란 것은 인간이 가진 창조력의 원천이기도 한 겁니다. 동물에게는 그런 능력이 없습니다. 인간은 재귀적으로 계산할 수 있는 뇌를 획득함으로써 크게 발전했다고 생각합니다.**

언어, 예술뿐 아니라 인간이 만들어 내는 모든 것에서 재귀성을 찾을 수 있습니다. 도구 이용만 봐도 명확합니다. 침팬지는 돌멩이를 이용해서 열매를 쪼갤 수 있기 때문에 인간처럼 도구를 사용하는 능력을 가지고 있다고들 얘기하지만, 인간은 그런 도구를 만들기 위한 도구까지도 만들거든요. 나무를 깎기 위한 칼을 만들고, 칼을 만들기 위해 해머로 쇠막대기를 두드리지요. 가공하기 위한 기계를 만들고 그 기계를 만들기 위한 공작기계를 만든다는 말입니다. 인간

이 진화 과정에서 언제 그런 능력을 획득했는지는 알 수 없지만 대단히 흥미로운 문제입니다. 어쨌든 인간과 다른 동물과의 차이가 재귀성에 있다는 사실은 확실합니다. 촘스키의 가설도 검증 단계에서 다른 가설이 나타날 수 있습니다. 오히려 앞으로 10년이 지나도 그런 가설이 안 나온다면 그게 더 이상한 거 아닐까요? 저는 인간의 관점 중 이과 계통적 관점과 문과 계통적 관점이 딱 균형을 이루는 지점이 최종 목표가 아닐까 막연히 생각해 봅니다. 뇌과학이 뇌로써만 모든 것을 설명하려 하면 일원론이 될 수가 있습니다. 단순한 일원론으로는 제대로 설명할 수 없습니다. 그렇다고 해서 '뇌와 마음'처럼 이원론으로 접근하면 된다는 이야기도 아닙니다. 그 부분에 진짜 해답이 있을 것 같습니다.

인간의 진화 과정에서 언어의 획득은 생존에 어떤 식으로 도움이 되었을까요?

저는 진화론에 있어서는 '무엇을 위해서'라는 부분은 생각하지 않아도 되는 문제라고 봅니다. 최근 들어 중립설[84]이 인정받고 있는데 언어도 자연도태에 대해 유리하지도 불리하지도 않은 그 무엇으로서 남아 있는 것 아닐까요? 언어를 쓴다고 해서 단순히 유

---

84) 중립 진화설이라고도 한다. 분자 수준에서 일어나는 유전자 변화의 대부분은 자연도태에 대해 유리하지도 불리하지도 않으며(중립적), 진화는 유전자 변동으로 인한 돌연변이가 유전자 군에 의해 일어난다는 설이다.

리하다는 생각은 안 듭니다. '입이 화근'이라는 속담도 있지 않습니까? 말로 인해서 오해가 생기고 싸움이 일어나기도 하니까 말입니다. 게다가 언어는 지속적으로 변하고 있습니다. 흔히 젊은이들 때문에 언어파괴가 일어난다는 말들을 하는데 그것도 시간적 변천의 일부분이라고 파악해야 한다고 봅니다. 다음 세대에 가면 그런 현상은 더 심해질 수 있지만 그것이 인간 언어의 숙명이니까 별로 걱정하지 않아도 될 겁니다. 언어의 변천도 뇌가 가진 창조력에 비밀이 있다고 생각합니다. 그야말로 심오한 세계지요.

도쿄대 리더육성 수업 · 과제설정의 사고력

가설의 검증

사카이 선생이 미국에서 사사한 노암 촘스키는 필자에게 대단히 반가운 이름이다. 중학교 때부터 고등학교 때까지 《언어생활》이라는 잡지를 구독했는데, 언젠가 MIT의 촘스키 교수가 기호언어학이라 부르는 기존의 언어학에서 탈피해 가설검증형인 자연과학적 언어학을 제창했다는 기사가 실린 적이 있었다. 그 가설이란 '언어에는 표층구조와 심층구조가 있고, 심층구조는 세계 모든 언어에 공통되는 수학적인 구조이며 심층구조를 표층구조에 결부시키는 것이 변형생성문법이다'라는 내용이었다. 이해하기는 어려웠지만 큰 충격을 받고 언어학이 매력적으로 다가오는 감동을 받은 기억이 있다. 당연히 컴퓨터를 사용한 자동번역이라는 새로운 접근법이 고려되었다. 다시 말해 영어에서 직접 일본어로 번역하는 것이 아니라 영어의 표층구조에서 변형생성문법을 써서 심층구조로 변환하고, 그것을 다시 한 번 일본어의 표층구조로 변환하는 접근이다. 심층구조는 수학적 구조이니 컴퓨터 처리에 적합하다는 것이었다. 하지만 그런 시도는 성공하지 못했다. 심층구조를 구체적으로 제시하지 못했기 때문이다. 그 후 필자는 촘스키에 흥미를 잃었다. 이번 사카이 선생과의 대담에서 나는 생각지도 않게 촘스키와 '재회'할 수 있었다. 사카이 선생이 말하는 촘스키는 어느 부분은 옛날과 동일했지만 그 후의 가설과 검증의 반복을 통해 변모해 있었다. '심층구조'는 '보편문법'으로 이름을 바꾸었을 뿐 아니라 그 존재는 보다 확실해져 있었다.

언어학은 아주 즐거운 학문 분야다. 인간이 가진 불가사의한 능력인 언어를 이해하려는 연구는 끝없는 호기심을 불러일으킨다. 다른 동물, 새, 곤충도 의사소통은 한다. 그것을 언어라 한다면 언어는 인간만이 가진 것이 아니다. 하지만 추상적인 개념까지 표현할 수 있는 고도의 문법을 가진 존재는 인간뿐이다. 그 주제를 언어로 설명하려 하는 작업은 자기언급적이라 한계가 있다. 자연과학적 언어학이라 불리는 촘스키의 접근방법도 그 가설이 압도적 매력을 가짐과 동시에 그 가설을 언어로 증명 가능하다고는 생각지 않는다. 언어 이외의 접근이 필요한 것이다. 그런 의미에서 사카이 선생의 뇌과학 방법론은 지극히 당연한 접근이라 할 수 있다. 게다가 fMRI

의 출현으로 해부학적 접근이 아니라 생체의 뇌 활동을 직접 조사할 수 있게 된 것은 획기적이다. 기술의 진보가 과학의 가설검증을 진척시킨 사례다.

세간에는 '문과 계열', '이과 계열' 또는 '인문계', '이공계'라는 말이 존재한다. 일본만 그런 것은 아니다. 구미에서도 '인문학(humanities)'과 '과학(science)'를 나누는 것이 일반적이다. 서양의 세계관인 '인간' 대 '자연'이라는 이원론을 반영한 건지도 모르겠다. 하지만 그런 구분법은 인간이 멋대로 만든 것일 뿐 자연계가 그렇게 구분되는 것은 아니다. 도쿄대학 리더육성 프로그램에서는 가급적 문과, 이과 같은 세간의 '상식'을 깨려 한다. 나누어 생각하지 않겠다는 자세다. 세간이 말하는 문과, 이과의 융합으로서 적합한 분야가 바로 언어학이며 그것을 추구하는 이가 사카이 선생이다. 하지만 아직 세계적으로 이런 접근은 확산되지 않았다. 사카이 선생과 같은 연구를 진행 중인 학자는 불과 몇 명밖에 안 된다고 한다. 이런 미지의 분야, 또는 분야로서 확립되어 있지 않은 세계, 선행연구가 적은 분야에서 학문적인 성과를 낼 수 있을지 여부를 생각하면 배짱을 부리기 어려울 정도다. 사카이 선생은 바로 거기에 도전하고 있다. 담담하게 그런 도전을 할 수 있는 것도 학자의 개성, 인간성이며 새삼 학문과 연구에 관해, 추구 방법의 다종다양함에 관해 느끼게 된다.

요코야마 요시노리

도쿄대 리더육성 프로그램에 대하여

명칭이 비슷하다는 이유로 도쿄대학 리더육성 프로그램 (Executive Management Program)을 MBA(Master of Business Administration)나 EMBA(Executive MBA)로 생각하는 이들도 있겠지만, 도쿄대학 EMP는 그들과는 달리 경영기법이나 리더십론을 가르치지 않는 학문 융합적 고위 경영자 교육 과정이다.

독특하게도 도쿄대학 리더육성 프로그램에서는 강사들이 기존의 지식은 다루지 않는다. 수강생들은 사전에 제시된 자료나 문헌을 통해 기존의 지식을 미리 습득해야 하고, 강의 시간에는 강사와의 대화를 통해 전인미답의 과제에 대한 해결책을 모색한다. 플라톤 이래로 대화 형식은 과제를 설정하고 문제를 해결하는 데 가장 유용한 방법이었다. 이런 방식의 수업을 따라가기 위해 수강생들은 반 년 동안 200~300권 정도의 문헌을 소화해야 한다. 과제 도서의 60~70%는 수학, 물리, 의학, 생물학, 공학, 동물행동학 등의 이과 계열 서적이고, 나머지 30~40%는 철학, 역사학 및 종교학 문헌이다. 필독도서 목록만 받아도 수강생들이 등록한 보람을 느낀다고 하여 도쿄대학 리더육성 프로그램의 도서 큐레이션은 언론에 수차례 소개되기도 했다.

이 프로그램이 과학의 비중을 높게 잡고 사이언스 리터러시 (Science Literacy : 과학 분야의 문해력)의 획득을 중시하는 이유는 교양의 개념을 새롭게 파악하기 때문이다.

"교양의 유래는 12~13세기 유럽의 대학이 신학, 법학, 의학 학부에 진학하기 전에 문법, 수사학, 논리학 등의 3학과 산술, 기하, 천문, 음악 등의 4과를 포함한 일곱 개 자유학예(art liberales)를 공부하게 했다는 데서 찾을 수 있다. 당시의 일곱 개 과목 중에는 오늘날 '과학'의 개념이 없었지만 현대인에게는 과학 없는 교양은 있을 수 없다." (과제설정의 사고력 편 '발생생물학' 中)

이 같은 철학적 바탕을 이해하고 나면 전체 구성을 비롯한 많은 부분에 기꺼이 고개가 끄덕여지리라 본다.

다극화하는 세계 속에서 모든 분야가 '상호 연쇄'를 일으키

는 시대다. 2008년 리먼 브라더스 사태로 시작된 글로벌 금융위기
가 보여줬듯이 이제 지역이나 분야의 구분, 장벽은 무의미하다. 그
런 가운데 일본에서는 2011년 동일본 대지진으로 인한 원전사고가
일어났다. 일본인들은 그 엄청난 재난을 통해 지진, 원자력, 복지 등
특정 분야의 전문가만으로는 새로운 문제에 제대로 대응할 수 없다
는 교훈을 얻었다. 도쿄대학 리더육성 프로그램은 바로 그런 깨달
음을 통해 분야 융합적 수업을 통해 새로운 도전에 효율적으로 대
처할 수 있는 리더를 육성하기 위해 설립되었다고 한다.

　　이 책은 독자 입장에서는 여러모로 낯설다. 각 장에 소개된
전문 분야와 용어 자체가 생경할뿐더러 줄기세포에서 중국철학으
로 그리고 다시 은하천문학으로, 분야의 경계를 훌쩍훌쩍 뛰어넘는
구성을 따라잡으려면 엄청난 에너지가 필요하기 때문이다. 하지만
인류가 획득한 최첨단의 지적 성과를 읽는 이가 미처 준비하기도 전
에 돌직구로 던져 주는 패기는 우리가 맞딱뜨릴지도 모를 새로운
문제와의 대면이란 측면에서 오히려 이 책의 미덕임에 틀림없다.

　　이 책은 구성 면에서 도쿄대학 리더육성 프로그램 수업의 축
소판이라 할 만큼 문과(文科)와 이과(理科) 계열의 구성 비율이 흡
사하다. 또 실제 강의가 다양한 분야의 관련성을 강조하는 것처럼
석학들과 인터뷰를 진행한 요코야마 요시노리(横山禎德) 씨가 분야
간 연속성, 관계성을 끊임없이 일깨우려 애쓴 점은 주목할 만하다.
또 해당 분야 최고 권위자와의 대화라는 방식을 통해 가장 단순하

고도 짧은 길로 학문의 본질에 육박해 들어가는 점도 대단하다.

첫째 권은 석학들의 과제설정에, 둘째 권은 문제해결에 초점이 맞춰져 있다. 두 권은 동일한 형식으로 짜여 있지만 전체가 다 전문 분야의 난해한 내용만 담고 있는 것은 아니다. 오랜 역사 속에서 인류가 어떤 포부와 꿈을 품어왔는지를 살피고, 그 지향점이 어느 방향이어야 하는지에 관한 통찰을 주는 대목들은 머리가 아닌 가슴을 울린다. 역자는 개인적으로 두 권 공히 우주론에서 가장 큰 흥분을 맛보았다. 과학의 궁극적 도달점이 철학이라는 진부한 이야기가 관측으로 증명될 때의 묘한 느낌, 우주 탐구의 장대한 노력이 부질없다는 이야기를 들었을 때의 허탈감은 앞으로도 오래 기억에 남을 것 같다. '우리가 우주에 존재하는 이유'에 이르러서는 '흔적을 남기기 위해서'라 말하던 스티브 잡스를 떠올리기도 했다. '경영'을 기대한 독자라면 문제해결의 사고력 편에 더 끌릴 수 있겠지만, 이 책의 최종 지향점이 꼭 '경영'에 있는 것은 아니므로 두 권 다 일독을 권한다. 지적 호기심을 넘어 사고하는 즐거움이 충족될 것이라 확신한다.

주석은 최대한 간결하게 달았다. 전문성이 높은 부분의 경우, 책 속의 주석이 완전한 이해를 돕지 못한다는 것도 사실이지만 전문 지식의 전달이 최우선 목적은 아니었기 때문이다. 주석의 위치는 최초 언급 시에 다는 것을 원칙으로 했으나, 내용상 더 밀접한 관련이 있는 부분에 달기도 했다. 또 장이 바뀌어 재차 등장할 때는 앞서 주석을 단 지점을 기재하여 다시 펼쳐볼 수 있게 했다. 이 책이 각 분야의 연속성, 연관성을 강조하기 때문에 선택한 방식이다. 주석 외에 본문에 설명을 첨가하기도 했는데, 원문을 존중하면서도 가급적 편안하게 흐름을 좇을 수 있도록 하기 위해서다. 비록 등장하는 인물들이 모두 일본인이기는 하지만 이야기가 '전인미답의 과제'를 향하고 있는 만큼 인류가 획득한 최첨단, 최고도의 지적 성과에 관한 이야기(비단 '현재'에만 초점이 맞춰진 것은 아니다)이다 보니 영어, 일본어 외에 다양한 언어가 필요했다. 그러나 저작물의 경우에만 라틴어 등 원어를 병기했고 기관명, 지역명, 인명 등 나머지는 영어로 병기했다. 한글로 표기할 경우에는 외래어 표기법을 따랐다.

'새로운 교양'을 갖추려고 이 책을 펼쳤다면 책장을 넘길수록 '새로운 무지'를 깨닫게 될 수 있다. 특히 세상의 모든 전문분야가 그렇듯 그들만의 언어에 맞닥뜨리는 순간 난감함을 맛볼 수도 있다. 하지만 그 언어의 문법을 모두 알지 못해도 우리는 기존의 틀을 넘어야 한다. "망치밖에 가진 게 없는 사람은 모든 게 못으로 보인다."는 말이 있다. 그렇다. 편협하고 한정된 지혜로는 제대로 된 전략을 세울 수 없다. 한정된 지식만으로 부당한 정서적 판단을 내려서도 안 된다. 오래 전 학교에서 배웠던 과거의 교양만으로 지극히 다이내믹한 지금 여기, 그리고 내일을 위한 판단을 내리기는 어렵다.

모쪼록 이 책을 통해 '새로운 교양'을 얻고, 나아가 자신의 과제에 적용할 실마리를 찾기 바란다. 세상에 '보편적인 과제'는 없으며 각각의 상황에 특화된 과제가 있을 뿐이니까 말이다.

역자 정문주

도쿄대 리더육성 수업 · 과제설정의 사고력

도쿄대학 EMP(Executive Management Program)

도쿄대학이 쌓아온 최첨단의 다양한 지적 자산을 바탕으로 구성된 프로그램으로서, 경영 지식과 폭넓은 교양뿐 아니라 인류가 축적해온 지성을 자유자재로 구사할 줄 아는 고도의 종합 능력을 갖춘 리더 육성을 목표로 한다.

다극 체제(Multipolar system)에 접어든 불안정한 세계와 동일본 대지진과 같은 전대미문의 상황 등을 맞이해서 하나의 학문만으로는 풀기 어려운 난제들에 대응하기 위해 도쿄대학에서 발족한 차세대 리더 육성 프로그램.

정치, 경제, 과학, 기술, 문화 등에서 기존에 확립한 분야별 구분에 사로잡힌, 폭 좁은 발상으로는 정확한 과제설정이 사실상 불가능해졌다는 위기의식 속에서 최첨단의 지식과 폭넓은 교양을 토대로 트랜스 사이언스(trans-science)적 문제해결 능력을 배양하는 실제적 사고력 훈련 프로그램이다.

수강생들은 기업인, 중앙 및 지역행정관, 전문 직업인 등 차세대 리더들 중 치열한 경쟁을 뚫고 선발된 25명 정도의 소수 정예로 운영되며 현재 13기까지 운영해 오고 있다. 봄(4월), 가을(10월) 연 2회 개강하며 학기 당 등록금은 약 6천만원 선이다. 전체 수업 중 일부는 영어로만 진행된다.

프로그램 구성

도쿄대학 EMP 강사진은 도쿄대학의 석학들뿐만 아니라, 타 대학과 타 분야의 전문가를 망라한다. 또 일선에서 활약 중인 경영자와 전 세계의 리더를 적절하게 참가시키고, 이들 강사진의 협동 작업을 통해 과제설정, 문제해결에 필요한 최첨단의 교양, 지혜와 실천적 매니지먼트 지식을 제공한다. 이미 만들어진 지식의 습득이 아니라 그 유래, 배경 및 암묵의 조건을 이해함으로써 보다 수준 높은 통찰력을 기를 수 있도록 강사진 외에 모더레이터를 수업에 참가시켜 논의의 장을 확장한다.

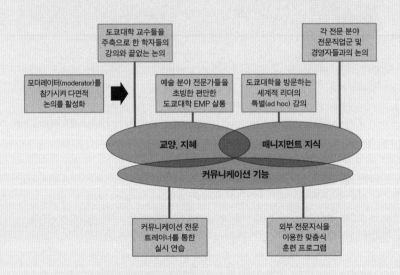

강의 내용의 다면적 구성

프로그램 내용

1. 교양, 지혜

현재 소속된 조직의 가치관을 뛰어넘어 보다 폭넓고 다면적인 관점에서 생각하고 자신의 언어로 말함으로써 자신만의 사고의 토대를 확립하는 데 도움을 줄 교양과 지혜를 함양한다. 현대 학문의 핵심 과제 및 그와 관련된 주요 과제를 접하고, 그들 주요 과제 간에 존재하는 또 다른 과제를 확인하면서 수강생들은 단절의식에 구애 받지 않는 분야 연쇄적인 논의를 펼치게 된다. 자신이 무엇을 알고 무엇을 모르고 있는지에 대해 심적 지도(mental map)가 생기고, 그 주제를 이해하고 활용할 방법을 알게 된다.

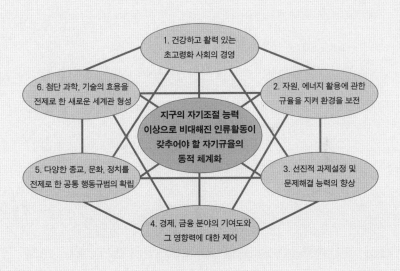

교양, 지혜 프로그램의 구성

2. 매니지먼트 지식

매니지먼트 지식 수업에선, 기업뿐 아니라 민, 관의 다양한 조직에서도 그 중요성이 커지고 있는 전략적 매니지먼트의 실천에 관한 주제를 다룬다. 주요 국가의 비즈니스 환경을 둘러싼 정치, 경제, 문화적 배경과 최신 동향, 그리고 변혁을 이루어 내기 위한 '사회 시스템 디자인' 등 기본적으로 알아 두어야 할 최첨단 현상을 총망라하고 매니지먼트 분야에 관한 전체적 관점을 얻음과 동시에 이해도가 부족했던 분야와 맹점의 존재를 확인한다.

3. 커뮤니케이션 기능

글로벌 리더로서 커뮤니케이션 능력은 필수적이므로 수강생은 일정 수준의 영어 구사 능력을 갖추고 있어야 한다. 수강생에게는 필요에 따라 자신의 현재 영어 능력을 개선할 뿐 아니라 말하고자 하는 바의 70% 정도를 표현할 수 있도록 실제적 훈련을 포함한 개별 훈련 프로그램을 외부 기관을 통해 제공한다.

4. 도쿄대학 EMP 살롱

〈교양, 지혜〉, 〈매니지먼트 지식〉 프로그램에서는 소화할 수 없는 예술, 문화, 교육 등에 관해 각 분야의 전문가와 격식에 얽매이지 않은 형태로 환담을 나눈다. 분야간 횡적 연계를 강조하는 프로그램의 취지를 살려 프로그램 수료 후에도 귀중한 경험과 네트워크를 공유할 수 있도록 EMP 커뮤니티를 지원한다.

목적

도쿄대학 EMP는 미래의 조직 간부, 특히 CEO가 될 가능성이 있는 40대 우수 인재를 주요 대상으로 기존에 그 어떤 교육기관도 제공한 적 없는 높은 수준의 전인격적 종합 능력을 형성시키려는 '유일무이'한 '장'의 제공을 목적으로 한다. 그리하여 도쿄대학 EMP는 각 최첨단 분야의 미해결 과제와, 향후 출현할 만한 과제, 분야 간 장벽을 뛰어넘은 복합적 과제 등에 대해 활발한 논의가 이루어지는 '장'을 마련했다. EMP는 새로운 관점과 발상을 바탕으로 한 과제의 제기, 강사와 수강생이라는 통상적 관계를 초월한 자유로운 토의의 '장'이다.

도쿄대 리더육성 수업

과제설정의 사고력

초판 1쇄 인쇄 2015년 6월 20일
초판 1쇄 발행 2015년 6월 25일

지 은 이 | 도쿄대 EMP, 요코야마 요시노리
옮 긴 이 | 정문주
펴 낸 이 | 정상우
펴 낸 곳 | 라이팅하우스
출판신고 | 제2014-000184호(2012년 5월 23일)
주   소 | 서울시 마포구 월드컵북로 400, 문화콘텐츠센터 5층 1호
주문전화 | 070-7542-8070
팩   스 | 0505-116-8965
이 메 일 | book@writinghouse.co.kr
홈페이지 | www.writinghouse.co.kr

한국어 번역권 ⓒ 라이팅하우스, 2015
ISBN 978-89-98075-15-6 (04320)
ISBN 978-89-98075-14-9 (세트)

페코로스, 어머니 만나러 갑니다

오카노 유이치 글·그림 | 양윤옥 옮김 | 216쪽 | 값 12,500원

중앙일보/교보문고 선정 이달의 책, 학교도서관저널 추천도서

기억을 잃어가는 엄마와 늙어진 아들, 인생의 황혼기에 찾아온 마지막 기적!
일본 아마존 논픽션 1위에 오른 감동 실화. 제42회 일본만화가협회상을 수상했다.

나는 세상으로 출근한다

정년 없고 해고 없고 상사 없는 오피스리스 워커가 되는 법

박용후 지음 | 260쪽 | 값 14,000원

한국출판문화산업진흥원 선정 OSMU 적합도서

관점 디자이너 박용후가 제시하는 일에 대한 새로운 관점. 일에 갇힌 사람들은 죽어도 보지 못하는, 일과 인생의 추
월차선. 자기 삶의 주인이 되는 스마트한 일의 방식이 공개된다.

공부하는 사람들

더글라스 토머스, 존 실리 브라운 지음 | 송형호, 손지선 옮김 | 196쪽 | 값 12,500원

TED, 칸 아카데미 등 학교 밖 다양한 학습공동체의 등장을 설명해 주는 이론적 분석틀.
실패한 것은 우리의 '학교'가 아니라, 공부에 대한 우리의 '이론'이라는 가정에서부터 출발해서,
'가르치기(teaching:교수중심사고)'에서 '배우기(learning:학습중심사고)'로 초점을 이동하는 것만으로도 공부의 새
로운 문화가 열린다고 말한다.

어느 날 당신도 깨닫게 될 이야기

내 인생을 바꾼 성찰의 순간들

엘리자베스 길버트·A. J. 제이콥스·제니퍼 이건 등저 | 래리 스미스 편 | 박지니·이지연 공역 | 432쪽 | 값 14,400원

뉴욕타임스 베스트셀러 작가가 엄선한 120편의 감동 인생 스토리

인생에서 뒤늦게 찾아오는 깨달음의 순간을 공유하는 모멘트 프로젝트.
시련의 어둠을 축복의 순간으로 바꾼 감동 체험담들이 한 권의 책으로 묶였다.

나는 평생 여행하며 살고 싶다

학교 대신 세계, 월급 대신 여행을 선택한 1000일의 기록

박 로드리고 세희 글·사진 | 312쪽 | 값 15,000원

지금 떠나지 않으면 만날 수 없는 행복이 있다. 여행과 삶을 일치시키고자 했던 한 남자의 지독한 여행 이야기.
한 사람의 이루지 못한 꿈은 또 다른 누군가의 꿈을 완성해 줄 것이다.
"나를 버리자 비로소 세계가 내게 다가왔다!"

나는 건축이 좋아지기 시작했다

집짓기에 입문하는 당신을 위한 건축 개념어 사전

더그 팻 지음 | 김현우 옮김 | 148쪽 | 값 10,000원

길을 내고, 터를 닦아, 집을 지으려는 당신이 꼭 알아야 할 필수 개념 26

건축가로 활동하고 있는 저자의 천만 조회 수에 빛나는 인기 강좌 '어떻게 건축할 것인가'에서 핵심 개념만을 모아
정리한 핸드북. A에서 Z까지 알파벳으로 시작하는 단어들만으로 건축의 기초 개념을 설명한다.